主审　李向农

丛书主编　万莹　陈青松

飞跃汉语

初级汉语读写 I 下

Leap into Chinese

Now I Read and Write Chinese II

本册主编：李孝娴　梅秋怀

本册副主编：万　莹　武梅琳　王　耿　Matay Bulbul

英文翻译：刘　雯　张　迪

華中師範大学出版社

新出图证(鄂)字 10 号

图书在版编目(CIP)数据

飞跃汉语. 初级汉语读写. 下/万莹,陈青松丛书主编;李孝娴,梅秋怀本册主编.
—2 版. —武汉:华中师范大学出版社,2020. 1
ISBN 978-7-5622-8919-7

Ⅰ. ①飞… Ⅱ. ①万… ②陈… ③李… ④梅… Ⅲ. ①汉语—阅读教学—对外汉语教学—教材 ②汉语—写作—对外汉语教学—教材 Ⅳ. ①H195. 4

中国版本图书馆 CIP 数据核字(2019)第 299263 号

飞跃汉语　初级汉语读写・下

本册主编:李孝娴　梅秋怀©

责任编辑:王文琴　**责任校对:**肖绪旭　**封面设计:**胡　灿

编辑室:高校教材分社　**电话:**027-67867364

出版发行:华中师范大学出版社有限责任公司　**邮政编码:**430079

社址:湖北省武汉市珞喻路 152 号

电话:027-67861367(发行部)　**传真:**027-67863291

网址:http://press. ccnu. edu. cn　**电子信箱:**press@mail. ccnu. edu. cn

印刷:湖北新华印务有限公司　**督印:**王兴平

开本:889mm×1194mm　1/16　**印张:**14. 25

字数:248 千字

版次:2020 年 1 月第 2 版　**印次:**2020 年 1 月第 1 次印刷

定价:58. 00 元

欢迎上网查询、购书

前　言

《飞跃汉语　初级汉语读写·下》(下称《初级汉语读写·下》)是《飞跃汉语　初级汉语读写·上》(下称《初级汉语读写·上》)的进阶,是“飞跃汉语”速成系列教材的读写教材。它既是《飞跃汉语　初级汉语听说·下》(下称《初级汉语听说·下》)的配套教材,同时也可以作为独立使用的读写教材。

《初级汉语读写·下》与《初级汉语读写·上》一样,参考《高等学校外国留学生汉语教学大纲(长期进修)》与《新汉语水平考试大纲 HSK 四级》确定了教学内容、教学难度与层级。在编写体例上,《初级汉语读写·下》传承了《初级汉语读写·上》的特点:

1. 合理复现。《初级汉语读写·下》与《初级汉语听说·下》密切配合,话题一致,重视语言功能、词汇和语法点的互现和循环,《初级汉语读写·下》每课的生词与《初级汉语听说·下》基本统一,学生可以及时复习,有效掌握。

2. 难度分级,循序渐进。每课中有两篇课文,第一篇课文与《初级汉语听说·下》的课文话题完全一致,熟悉的话题降低了学生的畏难心理。第二篇课文题材多样,均为学生感兴趣的话题,并且密切联系当代中国社会。课文突出实用性与趣味性,文章一般是书面文体,难度逐渐加大。

3. 题型丰富,有效练习。词语的练习包括认读、看图找词、选词填空;句子的练习包括给指定词语选择正确位置、组句、寻找对应句、排序。同时加大了书写的练习,包括看图写句子、根据指定的部件写汉字、写小作文等。练习形式丰富,由易到难,既有针对 HSK 四级考试的题型,同时也有提高语言读写能力的题型。

4. 本教材编写体例呈现教学过程，体现教学环节。热身、新词语、关键词语，既是对听说课的复习，也是阅读前的操练。课文的排版与《初级汉语读写·上》不同，紧跟课文正文设计了阅读练习，题型以选择题为主，可以有效提高学生认读、阅读的能力。

教材体例

- 热身：采用会话形式，是对听说教材中对应课文中对话的复现，也是本课重点训练的句型。
- 新词语：展示本课中出现的生词，包含少量非 HSK 四级大纲中出现的词，但依然是常用词语。
- 关键词：选取新词语中的重点词语进行扩展。
- 课文：与听说课话题一致，每课两篇课文，新词语与听说课中出现的基本一致，课文没有拼音。课文编排上采用课文后紧跟阅读练习的方式来加强理解。
- 练习：包括认读练习与书写练习等。重点训练学生的认读和书写表达能力。

本书由长期工作在对外汉语教学一线的教师编写，他们有丰富的教学经验，熟悉学生习得汉语的规律，这使得本教材更能满足学生的学习需求。“飞跃汉语”系列教材已经在华中师范大学国际文化交流学院的初级班学生中试用，反响良好。

使用建议

建议每课的学习时间为四课时。

目　　录

第一课

Hùliánwǎng yòu kuài yòu fāngbiàn

互联网 又 快 又 方便

热身 Warming-Up

Nǐ cháng gěi māma dǎ diànhuà ma?
1. A：你 常 给 妈妈 打 电话 吗？

Bù，wǒ cháng gěi tā fā diànzǐ yóujiàn.
B：不，我 常 给 她 发 电子 邮件。

Nǐ juéde yòng wēixìn liánxì zěnmeyàng?
2. A：你 觉得 用 微信 联系 怎么样？

Tǐng fāngbiàn de.
B：挺 方便 的。

Nǐ zěnme gēn fùmǔ liánxì?
3. A：你 怎么 跟 父母 联系？

Wǒ chángcháng gěi tāmen fā diànzǐ yóujiàn，yòu kuài yòu fāngbiàn.
B：我 常常 给 他们 发 电子 邮件，又 快 又 方便。

Nǐ cháng shàngwǎng zuò shénme?
4. A：你 常 上网 做 什么？

Yǒu shíhou kànkan xīnwén，yǒu shíhou gēn péngyou liáoliao tiān.
B：有 时候 看看 新闻，有 时候 跟 朋友 聊聊 天。

新词语 1
New Words

1. 互联网	hùliánwǎng	(*n.*)	the Internet
2. 又……又……	yòu…yòu…		not only… but also…
3. 使用	shǐyòng	(*v.*)	to use
4. 父母	fùmǔ	(*n.*)	parents
父亲	fùqīn	(*n.*)	father
母亲	mǔqīn	(*n.*)	mother
5. 发	fā	(*v.*)	to send
6. 电子邮件	diànzǐ yóujiàn	(*n.*)	e-mail
7. 网站	wǎngzhàn	(*n.*)	website
8. 新闻	xīnwén	(*n.*)	news
9. 篇	piān	(*misc.*)	a piece of writing
10. 文章	wénzhāng	(*n.*)	essay; article
11. 跟	gēn	(*prep.*)	with
12. 申请	shēnqǐng	(*v.*)	apply for; ask for; make an official request
13. 一般	yìbān	(*adv.*)	usually; generally
14. 收	shōu	(*v.*)	to receive; to accept
15. 语音	yǔyīn	(*n.*)	pronunciation; voice
16. 用	yòng	(*v.*)	to use
17. 联系	liánxì	(*v.*)	to communicate; to contact
18. 挺	tǐng	(*adv.*)	very; quite; pretty; rather
19. 手机	shǒujī	(*n.*)	mobile phone

20. 免费	miǎnfèi	(*adj.*)	free
21. 更	gèng	(*adv.*)	more

专名 Proper Nouns

微信	wēixìn	WeChat (a popular instant messenger and social media in China)

关键词语 Key Words

又……又……	yòu…yòu…	我们的学校又大又漂亮。‖ 打国际电话又贵又不方便。
申请	shēnqǐng	朋友帮我申请了一个微信号码。‖ 您好,这是我的留学申请。
一般	yìbān	超市一般九点开门。‖ 这件衣服很一般。
挺	tǐng	互联网挺方便的。‖ 我挺喜欢吃中国菜的。
更	gèng	更好/更快/更方便 我更喜欢用微信和朋友们联系。

课文(一) Text I

现在互联网又快又方便,山本很喜欢使用互联网。山本来中国以后,不常给父母写信,常常上网给他们发电子邮件。有时候他上一些网站看看新闻、读几篇文章,有时候跟朋友聊聊天。他的中国朋友帮他申请了微信号,他一般用微信收发照片或者跟朋友语音聊天。山本觉得用微信联系挺方便的。现在很多手机都可以上网，有些咖啡馆、宾馆、饭馆有免费的互联网，大家觉得更方便了。

◆根据课文内容，选择正确答案。Choose the right answer according to the text.

1. 山本来中国以后，怎么跟父母联系？（　　）

A. 用笔写信　　B. 上网发邮件

C. 用微信　　D. 不联系

2. 山本上一些网站不做什么？（　　）

A. 看新闻　　B. 买东西

C. 读文章　　D. 跟朋友聊天

3. 山本用微信做什么？（　　）

A. 收发电子邮件　　B. 拍（pāi/to shoot）照片

C. 跟朋友聊天　　D. 打电话

4. 猜一猜"咖啡馆"是什么意思？

______

______

______

新词语2 New Words

1. 方法	fāngfǎ	（*n.*）	method; way; means
2. 传真	chuánzhēn	（*n.*）	faxes; facsimile
		（*v.*）	to fax
3. 亲戚	qīnqi	（*n.*）	relative
4. 笔	bǐ	（*n.*）	pen
5. 信	xìn	（*n.*）	the letter
6. 邮局	yóujú	（*n.*）	post office
7. 寄	jì	（*v.*）	to mail; to send

8. 短信	duǎnxìn	(*n.*)	message
9. 春节	Chūnjié	(*n.*)	Spring Festival
10. 祝贺	zhùhè	(*v.*)	to congratulate
11. 出现	chūxiàn	(*v.*)	to appear; to arise
12. 能	néng	(*aux.*)	can; may
13. 想	xiǎng	(*v.*)	want
14. 到	dào	(*v.*)	to go to
15. 输入	shūrù	(*v.*)	to import; input
16. 密码	mìmǎ	(*n.*)	password
17. 报纸	bàozhǐ	(*n.*)	newspaper
18. 国内	guónèi	(*adj.*)	domestic
国际	guójì	(*adj.*)	international
19. 电影	diànyǐng	(*n.*)	movie
20. 支付	zhīfù	(*v.*)	pay

关键词语 Key Words

寄	jì	寄信 我常常去邮局寄信。
祝贺	zhùhè	祝贺新年/祝贺你!
出现	chūxiàn	早上五点他已经出现在操场上了。 因为互联网的出现,大家的生活更方便了。
能	néng	你现在能来我的办公室吗?
到	dào	妈妈常说:说到就要做到。

课文（二）
Text Ⅱ

人们互相联系的方法有很多。工作时，打电话或者发传真；联系亲戚朋友时，人们以前经常用笔写信，但是现在很少去邮局寄信了，更多人用手机打电话、发短信。发短信又快又便宜，过春节时，中国人常常发短信祝贺新年。

因为互联网的出现，大家使用电子邮件、微信联系，又快又方便。上网可以做什么？你能想到的事儿在互联网上都可以试试。不用跟朋友见面，打开电脑，输入微信号和密码，就可以和朋友聊天儿。不去图书馆，也可以看书；不去办公室，在家也可以工作；不买报纸，也可以读新闻，知道国内国际大事；不去商店，也可以购物；不去电影院，也可以在网站上看电影；购物时没带钱，也可以用手机支付。

很多来中国学习的留学生也申请了微信号，上网跟中国老师聊天儿，认识中国朋友。打国际电话挺贵的，所以他们跟父母联系的时候经常使用语音聊天。

有了互联网，生活更有意思了。

◆根据课文内容，回答问题。Answer the following questions according to the text.

1. 下面哪句话是对的？（　　）

   A. 人们互相联系的方法只有打电话、发短信

   B. 现在人们常常去邮局寄信

   C. 发短信又快又便宜

   D. 现在没有人使用传真

2. 上网可以做什么？

   ＿＿＿＿＿＿、＿＿＿＿＿＿、＿＿＿＿＿＿、＿＿＿＿＿＿……

3. 请写一写，你上网常常做什么？

＿＿＿＿＿＿＿＿＿＿＿＿＿＿＿＿＿＿＿＿＿＿＿＿＿＿＿＿＿＿

＿＿＿＿＿＿＿＿＿＿＿＿＿＿＿＿＿＿＿＿＿＿＿＿＿＿＿＿＿＿

练习 Reading Practice

一、认读练习。Word recognition.

（一）认读词语，与正确的拼音连线。Read, learn and match.

1. 新闻	qīnqi
2. 亲戚	fāngfǎ
3. 联系	shǐyòng
4. 密码	liánxì
5. 申请	chūxiàn
6. 使用	mìmǎ
7. 方法	shēnqǐng
8. 出现	xīnwén

（二）看图片，选择合适的词语。Look at the pictures and choose the right word for each one.

A

B

C

D

E

1. 报纸（　　）　2. 聊天儿（　　）　3. 电子邮件（　　）

4. 密码（　　）　5. 看电影（　　）

（三）选择合适的词语填空。Choose the right word for each blank.

A. 亲戚　B. 联系　C. 申请　D. 文章　E. 使用　F. 报纸

1. 我们常常打电话 liánxì(　　)。

2. 你也 shēnqǐng(　　)一个微信号吧。

3. 有时候我上一些网站看看新闻，读读 wénzhāng(　　)。

4. 很多中国人都 shǐyòng(　　)微信聊天儿。

5. 这是今天的 bàozhǐ(　　)。

6. 他有时候给 qīnqi (　　)写信，有时候打电话。

二、选词填空。Fill in the blanks.

A. 新闻　　B. 一般　　C. 国际　　D. 用　　E. 互联网

1. 因为(　　)的出现，大家开始使用电子邮件、微信联系，又快又方便。

2. 他每天早上都看电视，他喜欢看(　　)。

3. 星期六我(　　)九点起床，因为不用上课。

4. 不买报纸，使用互联网，也可以知道国内(　　)大事。

5. 中国人(　　)筷子吃饭。

A. 密码　　B. 更　　C. 申请　　D. 手机　　E. 又

1. 中国菜(　　)好看又好吃。

2. 请输入你的银行卡(　　)。

3. 他(　　)去美国留学。

4. 现在人们常常用(　　)上网。

5. 用微信聊天儿(　　)方便。

A. 出现　　B. 挺　　C. 方法　　D. 祝贺　　E. 发

1. 我们在上课，教室门口(　　)了一个人。

2. 人们互相联系的(　　)有很多，写信、打电话……

3. 春节的时候，中国人常发短信(　　)新年。

4. 我给他(　　)电子邮件了。

5. 使用互联网联系朋友(　　)方便的。

三、选择词语在句子中的正确位置。Put the word in the right position.

(　　)1. 你 A 给 B 父母打 C 电话 D 吗？(常)

(　　)2. 我 A 常常 B 他们 C 发 D 电子邮件。(给)

(　　)3. 大家都 A 觉得 B 用微信练习(liànxí/practice)汉语 C 有意思

D的。(挺)

(　　)4. 很多中国朋友都A使用微信,B你C申请D一个吧。(也)

(　　)5. 我A手机B跟C阿姨(āyí/aunt)D联系。(用)

(　　)6. A打开电脑,B输入微信号和密码,C可以认识新朋友D。(就)

(　　)7. A有了互联网,生活B有意思了,可以C听音乐、D玩游戏……(更)

四、请用下列句子完成会话。Use the following sentences to complete the dialogue.

A. 我一般不给父母写信。　　B. 微信是什么?

C. 我们常用微信联系。　　D. 我在上网呢。

E. 你怎么跟父母联系?　　F. 你常上网做什么?

1. A:你常给父母写信吗?

   B:____________________

2. A:我来中国后常用Skype跟父母联系,你们呢?

   B:____________________

3. A:你在做什么呢?

   B:____________________

4. A:____________________

   B:你看,这就是微信。

5. A:____________________

   B:有时候上网看看新闻,有时候跟亲戚朋友聊聊天。

6. A:____________________

   B:我常给他们发电子邮件。

五、连词成句。Make sentences with the following words.

1. 有点儿　国际电话　打　贵

   ____

2. 电子邮件　发　的　方便　挺

   ____

3. 常常　看　上网　新闻　我

   ____

4. 用微信　聊天儿　跟朋友　他

______

5. 联系　跟父母　怎么　你

______

6. 方法　互相联系的　很多　人们

______

7. 很少　写信　用笔　大家

______

8. 发　给叔叔(shūshu/uncle)　你　常常　照片　吗

______

9. 给　发传真　学校　你可以

______

六、看图，用指定的词语写句子。Look at the pictures and make sentences with the given words.

1.  电话______

2.  聊天儿______

3. 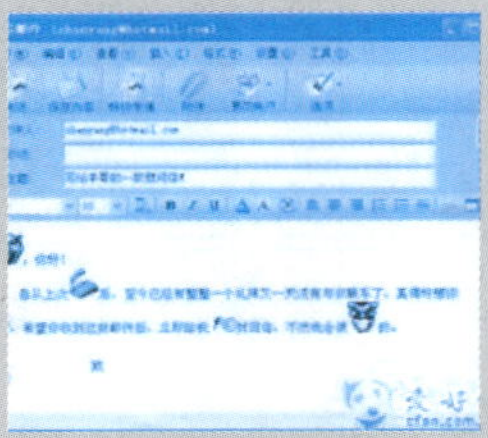 上网______

4.  方便______

5. 电影 ______________________

七、排列句子的顺序。Put the sentences in the right order.

例如：A. 我去办公室找李老师
B. 她在家
C. 但是她不在办公室 → ACB

1. A. 不常用笔给父母写信
B. 山本来中国以后
C. 但是常上网给他们发电子邮件 ______
2. A. 跟朋友语音聊天儿
B. 他用微信收发照片
C. 中国朋友帮山本申请了微信号 ______
3. A. 所以，过春节时
B. 发短信又快又便宜
C. 中国人常发短信祝贺新年 ______
4. A. 打国际电话挺贵的
B. 所以很多留学生经常用 Skype 跟父母联系
C. 或者上网发邮件 ______
5. A. 听音乐、玩游戏、看新闻、读文章……
B. 生活更有意思了
C. 有了互联网，我们可以在网上做很多事情（shìqing/matter，thing）
______

八、请根据句子的意思，用给出的偏旁或部件，写出正确的汉字。Please write the correct Chinese characters with the given Chinese character components according to the sentence.

1. 我常常在网上看 xīn（　　）闻。（斤）
2. 他喜欢用电脑 wán（　　）游戏。（王）
3. 他常常 gěi（　　）父母打电话。（纟）

4. 他申 qǐng(　　)去美国留学。(讠)
5. 我去邮局 jì(　　)信。(宀)
6. 他喜欢在网上读 bào(　　)纸。(扌)
7. 超市一 bān(　　)八点开门。(舟)
8. 他经 cháng(　　)去饭馆吃饭。(巾)
9. 王 ā(　　)姨今年 40 岁了。(阝)
10. 过 Chūn(　　)节时,人们常常互相祝贺新年。(日)

九、请写一写,你来中国以后,怎么跟父母联系?你喜欢用哪种方法联系?尽量用上指定的词语。 Writing: Use as many of the following words as you can to write a passage about the way you get in touch with your parents.

常常　　联系　　打电话　　方便　　挺

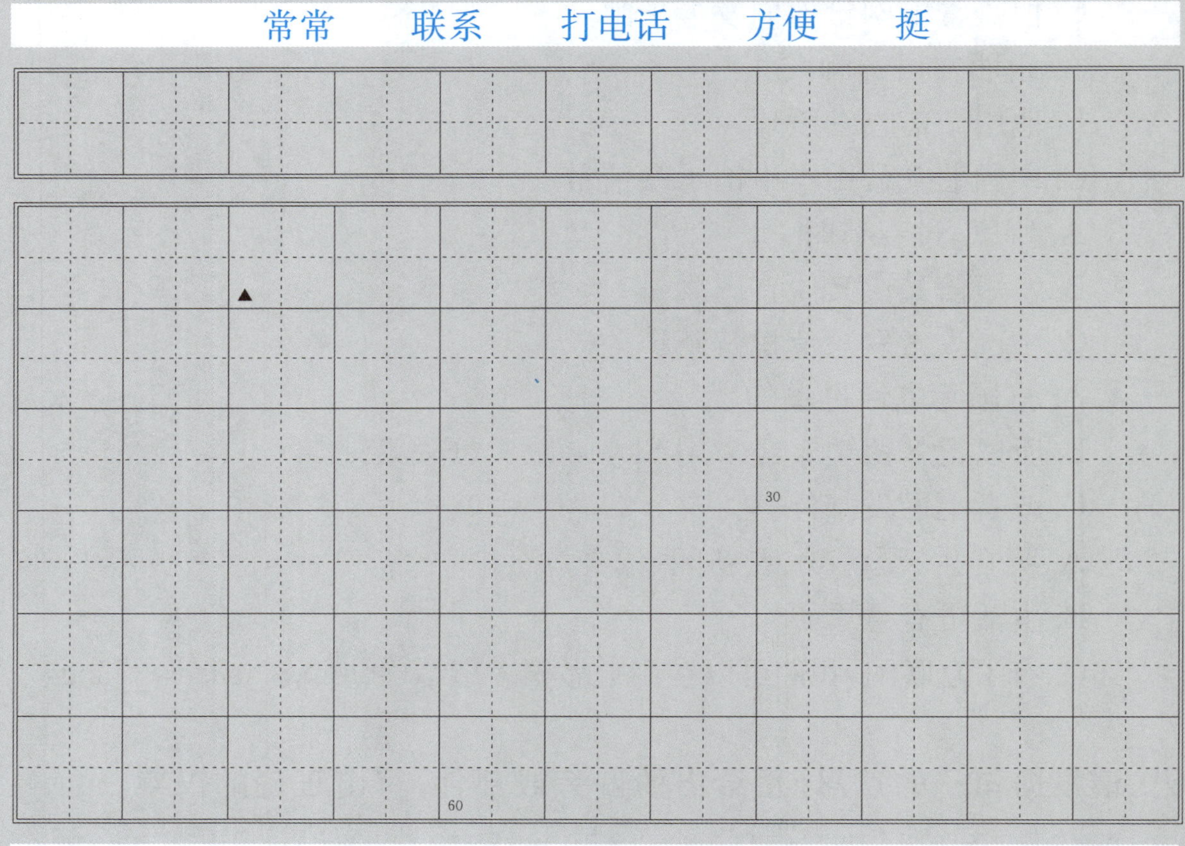

补充生词

拍　　练习　　阿姨　　叔叔　　事情

第二课

Tā zhè xuéqī bǐ shàng xuéqī máng

她这学期比上学期忙

热身 Warming-Up

Nǐ zuìjìn zěnmeyàng?
1. A：你 最近 怎么样？

Wǒ zhè xuéqī bǐ shàng xuéqī máng.
B：我 这 学期 比 上 学期 忙。

Nǐ qù nǎge chāoshì?
2. A：你 去 哪个 超市？

Xīn kāi de chāoshì bǐ zhège chāoshì dà de duō, wǒmen qù nàr ba.
B：新 开 的 超市 比 这个 超市 大 得 多，我们 去 那儿 吧。

Zhèr de dōngxi guì bu guì?
3. A：这儿 的 东西 贵 不 贵？

Bǐ wǒmen nàr piányi duō le.
B：比 我们 那儿 便宜 多 了。

Báisè hé hēisè, nǎge yánsè gèng shìhé wǒ?
4. A：白色 和 黑色，哪个 颜色 更 适合 我？

Nǐ chuān hēisè de gèng héshì.
B：你 穿 黑色 的 更 合适。

Wǒ de jiǎo bǐ nǐ de dà yìdiǎnr, zhè shuāng píxié wǒ chuān xiǎo le

5. A：我的脚比你的大一点儿，这双皮鞋我穿小了

diǎnr, nǐ shìshi.

点儿，你试试。

Bú dà bù xiǎo, zhèng héshì.

B：不大不小，正合适。

新词语1
New Words

1. 学期	xuéqī	(*n.*)	term
2. 比	bǐ	(*prep.*)	used to make comparison
3. 别人	biérén	(*n.*)	other people
4. 那么	nàme	(*pron.*)	in that way; then
5. 流利	liúlì	(*adj.*)	fluent
6. 压力	yālì	(*n.*)	pressure; strain
7. 为了	wèile	(*prep.*)	for
8. 减轻	jiǎnqīng	(*v.*)	ease; relieve; lighten
9. 新	xīn	(*adj.*)	new
10. 而	ér	(*conj.*)	yet; but; however; nevertheless
11. 选择	xuǎnzé	(*v.*)	choose; select; pick
选	xuǎn	(*v.*)	to choose
12. 重要	zhòngyào	(*adj.*)	important
13. 原因	yuányīn	(*n.*)	reason; cause
14. 付款	fù kuǎn	(*v.*)	pay
15. 方式	fāngshì	(*n.*)	way; mode

16. 除了	chúle	(*conj.*)	except
17. 现金	xiànjīn	(*n.*)	cash
18. 半	bàn	(*n.*)	in the middle
19. 终于	zhōngyú	(*adv.*)	finally
20. 双	shuāng	(*nm.*)	pair of
21. 码	mǎ	(*nm.*)	size; number
22. 黑	hēi	(*adj.*)	black
23. 皮鞋	píxié	(*n.*)	leather shoes
24. 脚	jiǎo	(*n.*)	foot
25. 矮	ǎi	(*adj.*)	short; low
26. 瘦	shòu	(*adj.*)	thin

关键词语 Key Words

流利	liúlì	很流利/流利一点儿 他说得比我流利。‖他比我说得流利。
而	ér	高(gāo/tall, high)而瘦 古老(gǔlǎo/old)而年轻(niánqīng/young) 我们在教室学习,而他在宿舍睡觉。 这儿的付款方式是现金,而我只(zhǐ/only, just)有信用卡。
选择	xuǎnzé	选择地点(dìdiǎn/place)/选择答案(dá'àn/answer)/做一个选择/重要的选择
除了	chúle	除了马丽以外,大家都来了。‖除了马丽以外,大山也没有来。
终于	zhōngyú	我等了半天,他终于来了。‖她们终于选好了衣服。
双	shuāng	一双皮鞋/一双手/一双筷子(kuàizi/chopsticks)

课文（一）
Text I

马丽这学期比上学期忙，她觉得汉语说得没有别人那么流利，学习压力有点儿大。最近李娜为了减轻她的压力，发短信邀请她一起去逛超市。

学校附近新开的超市比学校里的大多了，东西也比学校里的多得多，而价格更便宜。李娜选择这家超市还有一个重要原因，就是付款方式除了现金还可以选择刷卡或者用手机支付，这比学校的超市方便多了。她们在超市里逛了半天，终于选好了一双37码的黑皮鞋，李娜一看就很喜欢，但是她的脚比马丽的大一点儿，这双鞋不太适合她。而马丽比她矮一点儿，脚也瘦一些，穿这双鞋不大不小，很合适。

◆根据课文内容，选择正确答案。Choose the right answer according to the text.

1. 马丽这学期怎么样？（　　）
   A. 这学期没有那么忙
   B. 学习压力不太大
   C. 比上学期忙
2. 李娜怎么帮助马丽减轻压力？（　　）
   A. 发短信
   B. 逛超市
   C. 开超市
3. 学校附近新开的超市怎么样？（　　）
   A. 又大又便宜
   B. 东西多，很贵
   C. 便宜，但是东西不多
4. 这个超市可以怎么付款？（　　）
   A. 现金
   B. 刷卡
   C. 现金或者刷卡

新词语 2
New Words

1. 会	huì	(*aux.*)	can
2. 来自	láizì	(*v.*)	come from; be from
3. 方面	fāngmiàn	(*n.*)	aspect; side; way
4. 考试	kǎoshì	(*n.*)	exam
5. 会议	huìyì	(*n.*)	meeting; conference
6. 表演	biáoyǎn	(*v.*)	act; perform; play
7. 节目	jiémù	(*n.*)	show; performance; program
8. 可能	kěnéng	(*aux.*)	be likely to
9. 应该	yīnggāi	(*aux.*)	should; ought to; should be
10. 坏	huài	(*adj.*)	bad
11. 不同	bù tóng	(*adj.*)	different
12. 别	bié	(*adv.*)	do not
13. 着急	zháojí	(*adj.*)	worry; feel anxious
14. 非常	fēicháng	(*adv.*)	very
15. 有用	yǒu yòng	(*adj.*)	useful
16. 向	xiàng	(*prep.*)	from… to…
17. 借	jiè	(*v.*)	borrow
18. 慢	màn	(*adj.*)	slow
19. 篮球	lánqiú	(*n.*)	basketball
20. 健康	jiànkāng	(*n.*)	health

关键词语
Key Words

会	huì	我会说汉语，不会说英语。‖今天会下雨吗？
可能	kěnéng	他没来上课，可能生病了。
应该	yīnggāi	他太累了，应该休息一下儿。
别	bié	别着急！‖别一个人去！
表演	biáoyǎn	表演节目/看表演
向	xiàng	向我走过来/向老师问好/向朋友借钱

课文（二）
Text Ⅱ

每个人在工作、学习、生活中或多或少都会有压力，压力来自很多方面。出现压力的原因有很多，学期考试、参加会议、表演节目都可能会给自己带来压力。有的人一有压力就不知道应该怎么做。有压力不一定是坏事，重要的是知道怎样减轻压力。每个人都有不同的减轻压力的方法。觉得压力大时，别着急，看电影、听音乐、购物等都是非常有用的方法。或者向朋友“借”一点儿时间，一起喝茶聊天儿。跑步或者慢走，打打羽毛球或者篮球也都不错，可以减轻压力，也能锻炼身体，是很健康的方法。

◆根据课文内容，选择正确答案。Choose the right answer according to the text.

1. 下面哪句话是对的？（ ）
   A. 有的人会在生活中遇到压力，有的人不会
   B. 有压力不一定是坏事
   C. 大家减轻压力的方法差不多
2. 课文中没有提到哪种减轻压力的方法？（ ）
   A. 看电影
   B. 听音乐
   C. 踢足球（tī zúqiú/play football）

练习
Reading Practice

一、认读练习。Word recognition.

（一）认读词语，与正确的拼音连线。Read, learn and match.

1. 最近	zháojí
2. 流利	zhòngyào
3. 着急	píxié
4. 选择	zuìjìn
5. 短信	liúlì
6. 重要	duǎnxìn
7. 皮鞋	wèntí
8. 问题	xuǎnzé

（二）看图片，选择合适的词语。Look at the pictures and choose the right word for each one.

A

B

C

D

E

1. 着急（　　）　2. 刷卡（　　）　3. 现金（　　）
4. 会议（　　）　5. 皮鞋（　　）

（三）选择合适的词语填空。Choose the right word for each blank.

A. 双　B. 慢　C. 别　D. 新　E. 选　F. 取

1. Bié(　　)着急，慢慢来。

2. 火车(huǒchē/train)比飞机(fēijī/plane)màn(　　)多了。

3. 这 shuāng(　　)皮鞋很好看。

4. 我下午去银行 qǔ(　　)现金。

5. 茶还是咖啡，你 xuǎn(　　)哪个？

6. 学校附近 xīn(　　)开的超市很不错。

二、选词填空。Fill in the blanks.

A. 那么　　B. 流利　　C. 付款　　D. 学期　　E. 选择

1. 你想了半天了，告诉我你的(　　)是什么？

2. 我的汉语说得没有他那么(　　)。

3. 售货员，请问一下儿，在哪里(　　)？

4. 我没有我弟弟(　　)聪明，但是我比他高一点儿。

5. 请问，这(　　)你们有几门课？

A. 终于　　B. 除了　　C. 重要　　D. 节目　　E. 向

1. (　　)皮鞋，我还想买裙子。

2. 今天的作业太多了，我写了两个小时(　　)写完了。

3. 有压力不一定是坏事，(　　)的是知道怎样减轻压力。

4. 他(　　)我借了一百块钱。

5. 他的汉语说得很流利，因为他常常看汉语(　　)。

A. 减轻　　B. 双　　C. 而　　D. 适合　　E. 矮

1. 中国是一个古老(　　)年轻的国家(guójiā/country)。

2. 压力大的时候，怎么(　　)压力呢？

3. 这几件衣服都很好看，我要选择最(　　)我的。

4. 昨天我买了一(　　)黑色的皮鞋。

5. 我比我姐姐(　　)一点儿，她比我高。

三、选择词语在句子中的正确位置。Put the word in the right position.

(　　)1. 我觉得 A 我的汉语 B 说得没有 C 他 D 流利。(那么)

(　　)2. A 减轻压力 B，他 C 邀请我一起去 D 公园走一走。(为了)

(　　)3. 我跟她一起去 A 学校附近 B 新开 C 超市 D 逛一逛。(的)

(　　)4. A 这家商店的东西 B 比那家多得多,C 价格 D 更便宜。(而)

(　　)5. A 她 B 在超市 C 逛了半天,D 选好了一双皮鞋。(终于)

(　　)6. 刷卡 A 付款 B 比用现金方便 C 多 D。(得)

四、请用下列句子完成会话。Use the following sentences to complete the dialogue.

A. 这家超市的东西贵不贵?
B. 当然了,你可以选择刷卡付款,也可以用现金。
C. 你的汉语学得怎么样?
D. 对不起,我下午去参加了一个会议,手机关(guān/turn off)机了。
E. 你穿那双皮鞋小了一点儿,试试这双吧。
F. 你穿多大的鞋?

1. A:我给你发短信,你怎么没有回?
   B:______________________________
2. A:这家超市可以刷信用卡吗?
   B:______________________________
3. A:______________________________
   B:我穿 37 码的。
4. A:______________________________
   B:我的汉语学得很好,但是说得没有他们那么流利。
5. A:______________________________
   B:不贵,价格比学校超市更便宜。
6. A:______________________________
   B:谢谢! 这双不大不小,正合适。

五、连词成句。Make sentences with the following words.

1. 比那家　新开的　大多了　超市

____

2. 那么　我说得　没有他　流利

____

3. 更　刷卡付款　比用现金　方便

____

4. 她的脚　我的　比　一点儿　大

______

5. 终于　他　选好了　皮鞋　一双黑色的

______

6. 比这儿　超市　学校的　方便多了

______

7. 给她　我　发了　短信　一条

______

8. 更　这件衣服　你穿比我穿　合适

______

9. 来自　压力　方面　很多

______

六、看图，用指定的词语写句子。Look at the pictures and make sentences with the given words.

1.  信用卡______

2.  会议______

3.  借______

4. 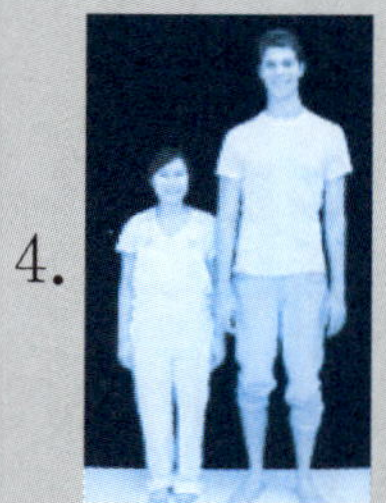 矮______

5. 压力____________________

七、排列句子的顺序。Put the sentences in the right order.

例如：A. 我去办公室找李老师
B. 她在家
C. 但是她不在办公室 → ACB

1. A. 发短信邀请她一起
B. 王华为了减轻马丽的压力
C. 去外边走一走 ________
2. A. 而价格更便宜
B. 东西也比那里的多得多
C. 这个超市比那个大多了 ________
3. A. 王华选择这家超市有一个重要原因，那就是
B. 还可以选择刷卡
C. 付款方式除了用现金以外 ________
4. A. 她在超市逛了半天
B. 终于选好了一双黑色的皮鞋
C. 价格也很便宜 ________
5. A. 有压力不一定是坏事
B. 每个人在工作、学习中都会有压力
C. 重要的是知道如何减轻压力 ________
6. A. 是很健康的方法
B. 打羽毛球既可以减轻压力
C. 又能锻炼身体 ________

八、请根据句子的意思，用给出的偏旁或部件，写出正确的汉字。Please write the correct Chinese characters with the given Chinese character components according to the sentence.

1. 他汉语说得比我 liú(　　)利。(氵)
2. 别着 jí(　　)，慢慢来。(心)

3. 我想用汉语表 yǎn（　　）一个节目。（氵）
4. 我的 jiǎo（　　）比他大一点儿。（月）
5. 他很 shì（　　）合穿黑色。（辶）
6. 为了减 qīng（　　）压力，他每天和朋友聊天儿。（车）
7. 你 xuǎn（　　）哪个答案？（辶）
8. 他知道应 gāi（　　）怎么做。（讠）
9. 他 xiàng（　　）老师问好。（口）
10. 她跑步跑得很 màn（　　）。（忄）

九、写一写：你来中国以后，常去哪儿买东西？说说你选择的原因。尽量用上指定的词语或表达。 Writing: Use as many of the following words as you can to write a passage about the place you usually go shopping after you come to China.

A 比 B……　　A 没有 B 那么……　　而　　付款

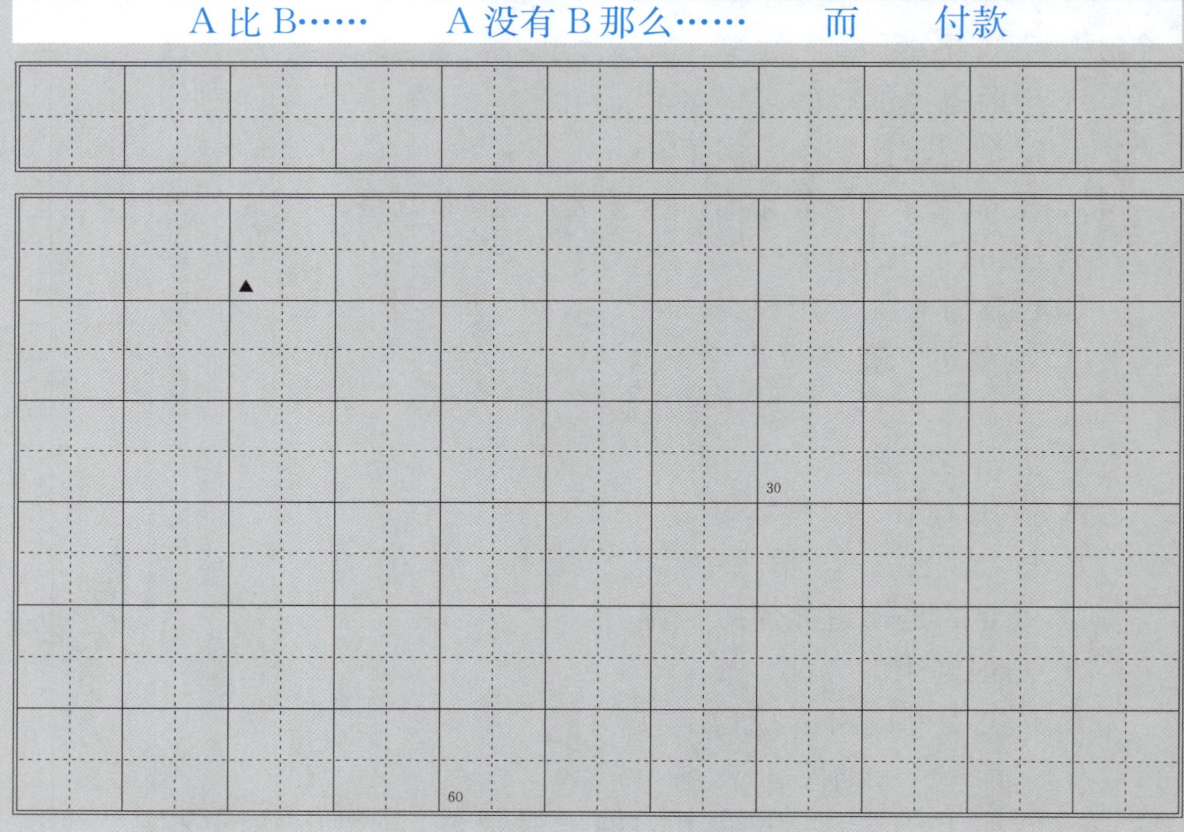

补充生词

高　古老　年轻　地点　踢足球　答案　只　筷子　火车　飞机　国家　关

第三课

Tiānqì yuè lái yuè lěng le

天气越来越冷了

热身 Warming-Up

Nǐmen guójiā jìjié gēn Zhōngguó yíyàng ma?
1. A：你们 国家 季节 跟 中国 一样 吗？

Gēn Zhōngguó yíyàng.
B：跟 中国 一样。

Tiānqì yuè lái yuè nuǎnhuo le.
2. A：天气 越 来 越 暖和 了。

Chūntiān yǐjīng lái le.
B：春天 已经 来 了。

Nǐ juéde Wǔhàn de dōngtiān zěnmeyàng?
3. A：你 觉得 武汉 的 冬天 怎么样？

Suīrán wàibian hěn lěng，dànshì jiàoshì li yǒu kōngtiáo，hén nuǎnhuo.
B：虽然 外边 很 冷，但是 教室 里 有 空调，很 暖和。

Jīntiān tiānqì bú tài hǎo.
4. A：今天 天气 不 太 好。

Shì ya，fēng yuè guā yuè dà，yuè lái yuè lěng le.
B：是 呀，风 越 刮 越 大，越 来 越 冷 了。

Nǐmen guójiā xiàtiān rè ma?
5. A：你们 国家 夏天 热 吗？

Wǒmen nàr xiàtiān méiyǒu Wǔhàn zhème rè.
B：我们 那儿 夏天 没有 武汉 这么 热。

新词语 1
New Words

1. 刮风	guā fēng	(*v.*)	blow (of wind)
2. 越……越……	yuè…yuè…		the more…the more…
越来越……	yuèláiyuè…		more and more
3. 冬天	dōngtiān	(*n.*)	winter
冬	dōng	(*n.*)	winter
春天	chūntiān	(*n.*)	spring
夏天	xiàtiān	(*n.*)	summer
秋天	qiūtiān	(*n.*)	autumn
4. 季节	jìjié	(*n.*)	season
5. 气候	qìhòu	(*n.*)	climate
6. 气温	qìwēn	(*n.*)	atmospheric temperature
7. 最	zuì	(*adv.*)	mostly
8. 高	gāo	(*adj.*)	tall; high
低	dī	(*adj.*)	low; down
9. 下雨	xià yǔ	(*v.*)	rain
10. 下雪	xià xuě	(*v.*)	snow
雪	xuě	(*n.*)	snow
11. 暖和	nuǎnhuo	(*adj.*)	warm
12. 凉快	liángkuai	(*adj.*)	cool
13. 外地	wàidì	(*n.*)	other places
14. 旅行	lǚxíng	(*n.*)	journey; tour
		(*v.*)	travel

15. 温度	wēndù	(*n.*)	temperature
16. 干燥	gānzào	(*adj.*)	dry
17. 虽然	suīrán	(*conj.*)	although
18. 景色	jǐngsè	(*n.*)	scenery; view
19. 太阳	tàiyáng	(*n.*)	the sun
20. 汗	hàn	(*n.*)	sweat
21. 海	hǎi	(*n.*)	sea
22. 湿润	shīrùn	(*adj.*)	moist
23. 差不多	chàbuduō	(*adj.*)	similar; almost the same
24. 南方	nánfāng	(*n.*)	the southern
南	nán	(*n.*)	the south
25. 许多	xǔduō	(*pron.*)	many
26. 植物	zhíwù	(*n.*)	plant
27. 叶子	yèzi	(*n.*)	leaf (of a plant)
28. 绿	lǜ	(*adj.*)	green

关键词语
Key Words

刮风	guā fēng	常常刮风/刮大风/刮了一夜的风
越……越……	yuè…yuè…	他越跑越慢。‖她的汉语越学越好。
越来越……	yuè lái yuè…	天气越来越冷了。
一样	yíyàng	一样好/一样暖和/气候一样/气温一样/不一样 你们的爱好一样不一样?
最	zuì	最高气温/最低气温/最喜欢
差不多	chàbuduō	差不多大/气温差不多

课文（一）
Text I

这几天一直刮风，风越刮越大，天气也越来越冷了，武汉的冬天已经来了。很多留学生还不习惯这个季节，因为他们国家的气候跟武汉不一样。

跟中国别的城市一样，武汉一年也有四个季节：春、夏、秋、冬。武汉冬冷夏热，七月气温最高，一月气温最低。夏天常常下雨，冬天不常下雪。武汉春秋两季比较短，春天很暖和，秋天很凉快，适合外地人来武汉旅行。

北京冬天温度也很低，比武汉更冷，气候跟武汉不太一样，很干燥。北京冬天常常下雪，虽然有点儿冷，但是景色非常漂亮。北京夏天很热，不过没有武汉这么热，太阳下走一走，也会出很多汗。上海因为在海边，所以气候很湿润，冬天跟武汉一样冷，夏天跟武汉差不多热。

中国很大，二月北方还在下雪，南方已经跟春天一样暖和了，许多植物的叶子都是绿的。所以冬天很多北方人喜欢去南方过春节，很多南方人喜欢去北方看雪。

◆根据课文内容，选择正确答案。Choose the right answer according to the text.

1. 这几天天气怎么样？（　　）

A. 下雨　　B. 刮风　　C. 下雪

2. 课文中武汉是什么季节？（　　）

A. 春天　　B. 秋天　　C. 冬天

3. 下面哪句话是对的？（　　）

A. 跟中国别的城市不一样，武汉一年有三个季节

B. 武汉冬冷夏热，气温最高的时候是九月

C. 武汉夏天常常下雨

4. 下面哪句话不对？（　　）

A. 武汉春秋两季比较舒服，春天暖和，秋天凉快

B. 武汉秋天比较长，适合外地人来旅行

C. 武汉的冬天没有北京那么冷

5. 北京的冬天（　　）。

A. 比武汉更冷

B. 不常下雪

C. 景色不太漂亮

6. 上海的气候（　　）。

A. 冬天没有武汉冷

B. 夏天跟武汉差不多热

C. 气候比较干燥，不太湿润

新词语 2
New Words

1. 过去	guòqù	(*v.*)	past
2. 熊	xióng	(*n.*)	bear
3. 森林	sēnlín	(*n.*)	forest
4. 树	shù	(*n.*)	tree
5. 花	huā	(*v.*)	blossom
6. 胖	pàng	(*adj.*)	fat
7. 体重	tǐzhòng	(*n.*)	weight
8. 增加	zēngjiā	(*v.*)	add
9. 担心	dānxīn	(*v.*)	worry
10. 醒	xǐng	(*v.*)	wake
11. 散步	sànbù	(*v.*)	go for a walk

关键词语
Key Words

花	huā	花钱/花时间
增加	zēngjiā	增加了两个人/增加了不少钱
担心	dānxīn	很担心/担心孩子
快……了	kuài…le	秋天快过去了。‖他快到了。
就要……了	jiù yào…le	下个月我就要回国了。‖冬天就要来了。

课文（二）
Text Ⅱ

秋天快过去了，冬天就要来了。风越刮越大，天气越来越冷，温度越来越低。小黑熊的家在大森林里，森林里有很多树，树上的叶子越来越黄了。小黑熊可以吃的东西越来越少了。森林里的朋友们有的去了温暖的南方，熊妈妈每天带小黑熊花很长时间找吃的。他们越吃越胖，体重比以前增加了不少。等冬天来的时候，他们就开始睡觉。虽然外边常常下雪，温度很低，但是他们一点儿也不担心，因为他们在睡觉呢。

春天来了，植物也绿了，天气越来越暖和了，熊妈妈和小黑熊就醒了。他们跟以前一样，在森林里一起散步、爬树、游泳，看漂亮的景色，找好吃的东西。

◆根据课文内容，选择正确答案。Choose the right answer according to the text.

1. 小黑熊的家在(　　)。
   A. 动物园　　B. 城市里　　C. 森林里
2. 秋天来了，森林里的树(　　)。
   A. 叶子越来越黄了　　B. 叶子越来越少了　　C. 越来越多
3. 课文中没有提到小熊会(　　)。
   A. 爬树　　B. 爬山　　C. 游泳
4. 小熊怎么过冬天？(　　)
   A. 每天找吃的
   B. 从夏天开始睡觉
   C. 秋天吃很多东西，冬天睡觉

练习
Reading Practice

一、认读练习。 Word recognition.

(一)认读词语,与正确的拼音连线。Read, learn and match.

1. 季节	shīrùn
2. 湿润	nuǎnhuo
3. 温度	jǐngsè
4. 暖和	liángkuai
5. 刮风	wēndù
6. 景色	sēnlín
7. 凉快	guā fēng
8. 植物	jìjié
9. 干燥	zhíwù
10. 森林	gānzào

(二)看图片,选择合适的词语。Look at the pictures and choose the right word for each one.

1. 植物(　　)　2. 海边(　　)　3. 干燥(　　)
4. 下雪(　　)　5. 刮风(　　)

(三)选择合适的词语填空。Choose the right word for each blank.

A. 春天　B. 湿润　C. 温度　D. 景色　E. 凉快　F. 叶子

1. 秋天来了，很多植物的 yèzi(　　)都黄了。
2. 天气越来越暖和，chūntiān(　　)到了。
3. 今天的 wēndù(　　)怎么样？高还是低？
4. 下了雨，天气很 liángkuai(　　)。
5. 我们那儿没有武汉这么 shīrùn(　　)。
6. 这里的 jǐngsè(　　)非常漂亮！

二、选词填空。Fill in the blanks.

A. 季节　　B. 适合　　C. 高　　D. 更　　E. 暖和

1. 天气越来越(　　)。
2. 我比你(　　)喜欢听音乐。
3. 这儿冬暖夏凉，(　　)大家来旅行。
4. 你最喜欢哪个(　　)？
5. 我弟弟比我(　　)。

A. 最　　B. 虽然　　C. 干燥　　D. 差不多　　E. 植物

1. 森林里有很多绿色(　　)。
2. 你(　　)喜欢吃什么？
3. 武汉的冬天跟上海(　　)冷。
4. (　　)北方冬天很冷，但是很多南方人想去那儿旅行。
5. 一个月没下雨了，非常(　　)。

A. 增加　　B. 担心　　C. 花　　D. 出　　E. 醒

1. 我们班今天又(　　)了一个新学生。
2. 不用(　　)，他的病比昨天好多了。
3. 他去操场(cāochǎng/playground)跑步，(　　)了很多汗。
4. 今天早上六点他就(　　)了，但是他不想起床。
5. 你买这件衣服(　　)了多少钱？

三、选择词语在句子中的正确位置。Put the word in the right position.

(　　)1. A 今天 B 的气温 C 昨天 D 一样。(跟)
(　　)2. A 天气越来越冷了，B 武汉的冬天 C 来了 D。(已经)
(　　)3. 我们 A 那儿 B 夏天没有 C 武汉 D 热。(这么)

(　　)4. A 你弟弟 B 你 C 这么 D 高吗？（有）

(　　)5. 学校 A 去年(qùnián/last year)B 增加了 C 五百多个 D 留学生。（比）

(　　)6. 虽然 A 外边很冷，B 教室里有空调，C 很暖和 D。（但是）

(　　)7. 我买了 A 一件 B 跟她 C 的 D 衣服。（一样）

(　　)8. 跑步以后 A，他出 B 一身 C 汗 D。（了）

四、请用下列句子完成会话。Use the following sentences to complete the dialogue.

A. 你觉得武汉的冬天怎么样？

B. 你们国家的季节跟中国一样吗？

C. 今天天气怎么样？

D. 我最喜欢冬天，虽然有点儿冷，但是景色非常漂亮。

E. 我们那儿夏天没有武汉这么热。

F. 是啊，越来越冷了。

1. A：________________

　B：跟中国一样，有四个季节：春、夏、秋、冬。

2. A：________________

　B：虽然冬天外边很冷，但是教室里有空调，很暖和。

3. A：你们国家夏天热吗？

　B：________________

4. A：________________

　B：今天天气不太好。风越刮越大，越来越冷了。

5. A：你最喜欢哪个季节？

　B：________________

6. A：今天天气不太好。

　B：________________

五、连词成句。Make sentences with the following words.

1. 跟中国　我们国家的　一样　季节

____

2. 暖和　越来越　天气　最近的　了

____

3. 没有武汉　这么　我们那儿　夏天　热

4. 气候　他们国家的　不　跟这儿　一样

5. 一样　上海的　跟　冬天　武汉　冷

6. 里　很多　森林　植物　有

7. 叶子　越来越　树上的　少　了

8. 增加了　两个　我们班　学生

9. 吗　有　湿润　你们那儿　武汉　这么

六、看图，用指定的词语写句子。 Look at the pictures and make sentences with the given words.

1. 风

2. 绿

3. 干燥

4. 森林

5. 汗 ____________________

七、排列句子的顺序。Put the sentences in the right order.

例如：A. 我去办公室找李老师
B. 她在家
C. 但是她不在办公室 → ACB

1. A. 小熊每天花很长时间找吃的
B. 体重比以前增加了不少
C. 它越吃越胖 ________
2. A. 虽然外边常常下雪
B. 温度很低
C. 但是他们一点儿也不担心 ________
3. A. 很多植物的叶子都是绿的
B. 二月，北方还在下雪
C. 南方已经跟春天一样暖和了 ________
4. A. 春、夏、秋、冬
B. 一年也有四个季节
C. 武汉跟中国别的城市一样 ________
5. A. 虽然下雪有点儿冷
B. 北京冬天常常下雪
C. 但是景色非常漂亮 ________
6. A. 北京夏天很热
B. 不过没有武汉这么热
C. 太阳下走一走，也会出很多汗 ________

八、请根据句子的意思，用给出的偏旁或部件，写出正确的汉字。Please write the correct Chinese characters with the given Chinese character components according to the sentence.

1. 武汉的夏天非常 rè(　　)。(灬)
2. 秋天来了，树上的叶子 huáng(　　)了。(艹)

3. 这儿的秋天比武汉凉 kuai(　　)。(忄)
4. 最近他的体重增 jiā(　　)了不少。(力)
5. 因为在 hǎi(　　)边,所以这儿的气候很湿润。(氵)
6. 外边的 xuě(　　)越下越大了。(雨)
7. 春天来了,天气越来越 nuǎn(　　)和了。(日)
8. 武汉的秋天适合外地人来 lǚ(　　)行。(方)
9. 她最喜欢在森林里 sàn(　　)步。(月)
10. 你最喜欢哪个 jì(　　)节?(子)

九、写一写:你们国家的季节、气候怎么样?跟中国一样吗?尽量用上指定的词语。 Writing: Use as many of the following words as you can to write a passage about the seasons and climate in your conuntry.

热　　冷　　一样　　比　　没有

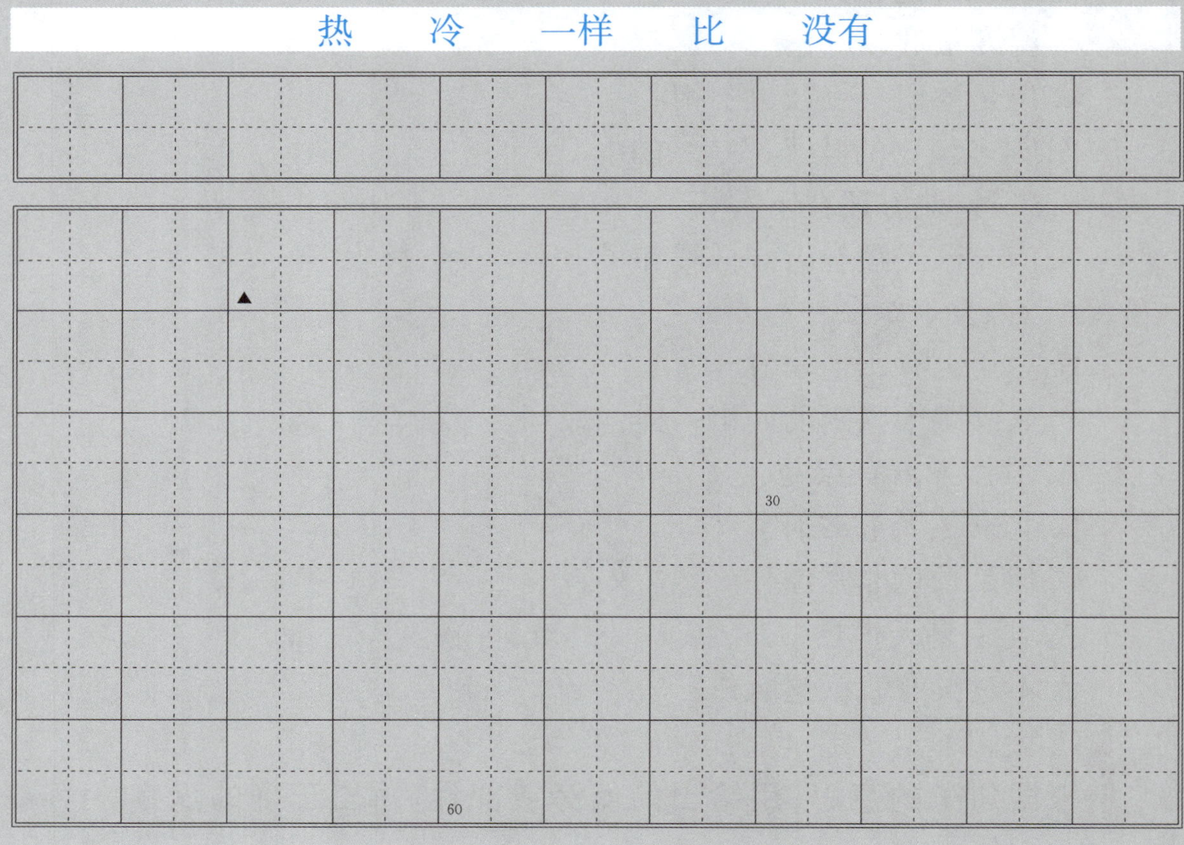

补充生词

操场　　去年

第四课

Tā yǐjīng qùguo hěn duō dìfang le

她已经去过很多地方了

热身 Warming-Up

Jīntiān wǎnshang nǐ yǒu shénme ānpái?
1. A：今天 晚上 你 有 什么 安排？

Míngtiān wǒmen yǒu kǎoshì，wǎnshang wǒ xiǎng fùxí fùxí.
B：明天 我们 有 考试， 晚上 我 想 复习 复习。

Nǐ kànguo《gōngfu xióngmāo》ma?
2. A：你 看过 《功夫熊猫》 吗？

Zhè bù diànyǐng wǒ hái méi kànguo.
B：这 部 电影 我 还 没 看过。

Nǐ hánjià dǎsuàn qù nǎr lǚxíng?
3. A：你 寒假 打算 去 哪儿 旅行？

Wǒ hái méi xiǎng hǎo.
B：我 还 没 想 好。

Nǐ qùguo Běijīng méiyǒu?
4. A：你 去过 北京 没有？

Wǒ qùguo yì huí Běijīng.
B：我 去过 一 回 北京。

Nǐ qù méi qùguo hǎi biān?
5. A：你 去 没 去过 海 边？

Wǒ yí cì yě méi qùguo.
B：我 一 次 也 没 去过。

新词语 1
New Words

1. 复习	fùxí	(*v.*)	review
2. 旧	jiù	(*adj.*)	old
3. 正好	zhènghǎo	(*adv.*)	just in time; coincidently
4. 寒假	hánjià	(*n.*)	winter vacation
暑假	shǔjià	(*n.*)	summer vacation
放假	fàngjià	(*v.*)	have a day off; have a vacation or holiday
5. 各	gè	(*pron.*)	every
6. 计划	jìhuà	(*n.*)	plan
7. 其他	qítā	(*pron.*)	other; else
8. 过	guò	(*sa.*)	Used after a verb; referring to sth. that happened precviously
9. 好玩儿	hǎowánr	(*adj.*)	amusing; fun
10. 地方	dìfang	(*n.*)	place
11. 回	huí	(*vm.*)	number of times
		(*v.*)	go back
12. 参观	cānguān	(*v.*)	visit for learning
13. 次	cì	(*vm.*)	number of times
14. 从来	cónglái	(*adv.*)	ever
15. 怕	pà	(*v.*)	afraid of; scared
16. 建议	jiànyì	(*v.*)	suggest; advise

17. 晒	shài	(*v.*)	solarize
18. 放松	fàngsōng	(*v.*)	relax
19. 不但	búdàn	(*conj.*)	not only
20. 而且	érqiě	(*conj.*)	but also
21. 船	chuán	(*n.*)	boat
22. 夜景	yèjǐng	(*n.*)	night scene
23. 趟	tàng	(*nm.*)	times

专名 Proper Nouns

故宫　Gù Gōng
香山　Xiāng Shān
海南　Hǎinán
香港　Xiānggǎng

关键词语 Key Words

各	gè	世界各国/各位同学 大家各有各的计划。
其他	qítā	其他人/其他地方 除了唱歌、跳舞，还有其他节目。
从来	cónglái	他从来不喝酒，从来不抽烟(chōu yān/smoke)。‖ 我从来没去过北京。
怕	pà	他怕他的妈妈。‖我怕打针。
建议	jiànyì	他给了我很多建议。‖我建议他多晒晒太阳。

课文（一）
Text I

下个星期马丽有考试，她这几天从早到晚都在复习旧课，她觉得太累了。考试以后正好放寒假，马丽的同学们各有各的计划，马丽打算去旅行，其他人有的想回国，有的还在学校。马丽已经去过很多好玩的地方了。她去过一回北京，参观过一次故宫，还爬过香山，马丽最喜欢香山的红叶，她觉得香山的红叶非常好看。不过，她从来没去过长城。

马丽有点儿怕冷，所以她想去暖和一点儿的地方，最近她的朋友给了她一些建议。有的朋友说，冬天去海南最合适，那儿冬天很暖和，在海边晒晒太阳，游游泳，觉得很放松。有的朋友说香港冬天也不太冷，不但有很多好吃的，而且有很多好玩儿的，还可以坐船看看香港海边的夜景。马丽还没坐过船呢，所以这次她想去一趟香港。

◆根据课文内容，选择正确答案。Choose the right answer according to the text.

1. 马丽为什么觉得累？（　　）
   A. 她每天都有考试
   B. 她下星期有考试，每天都要复习
   C. 她觉得考试很难
2. 放寒假以后马丽打算（　　）。
   A. 去旅行　　B. 去北京　　C. 学习
3. 马丽去过什么地方？（　　）
   A. 北京　　B. 海南　　C. 香港
4. 马丽去北京没做过什么？（　　）
   A. 没参观过故宫　　B. 没爬过香山　　C. 没去过长城
5. 马丽冬天旅行可能会去（　　）。
   A. 北京　　B. 上海　　C. 海南
6. 朋友为什么建议她去香港？（　　）
   A. 冬天很冷
   B. 有很多好吃的、好玩儿的，还可以坐船
   C. 可以在海边晒晒太阳，游游泳

新词语 2
New Words

1. 一生	yìshēng	(*n.*)	lifetime
2. ……分之……	…fēn zhī…		
3. 遍	biàn	(*vm.*)	number of times
4. 部	bù	(*nm.*)	a measure word for movie, TV series, etc.
5. 老	lǎo	(*adj.*)	aged; old
6. 这样	zhèyàng	(*pron.*)	in this way
7. 效果	xiàoguǒ	(*n.*)	effect; result; outcome
8. 安排	ānpái	(*v.*)	plan in detail; arrange
9. 部分	bùfen	(*n.*)	part
10. 然而	rán'ér	(*conj.*)	however; but
11. 却	què	(*conj.*)	but
12. 一切	yíqiè	(*pron.*)	everything
13. 心情	xīnqíng	(*n.*)	heart; mind

关键词语
Key Words

是为了	shì wèile	他来中国是为了学好汉语。‖工作是为了更好的生活。
部分	bùfen	HSK 四级考试有三个部分。‖听力部分不太难。
安排	ānpái	今天晚上你有什么安排？‖他安排我明天考试。
然而	rán'ér	明天有考试，然而他还在玩游戏。‖我会做饭，然而却做得不好。

一切　　yíqiè　　一切工作都要认真做。‖我想知道他的一切。‖工作是生活的一部分，却不是生活的一切。

课文（二）
Text Ⅱ

有人说人的一生有三分之一的时间在工作，有三分之一的时间在休息。工作是为了更好的生活。

有时候因为忙，一本自己很喜欢的书看了很多次，书已经旧了，也没看完一遍；有时候因为忙，你想要参观的地方一趟也没去过，所以不能只工作，不休息。工作累的时候，我们可以放松一下儿，去电影院看一部老电影或者新电影，跟朋友聊一次天；放假了，去旅行一回，这样，工作的效果会更好。休息好了，才能更好地工作。当然休息以前要安排好各种工作。

工作是生活的一部分，然而，却不是生活的一切。休息也是生活的一部分。休息的时候要放松心情，不要一直想工作，休息是为了走更远的路。

◆根据课文内容，选择正确答案。Choose the right answer according to the text.

1. 下面哪句话是对的？（　　）
   A. 工作比休息更重要，所以不能总想休息。
   B. 工作是为了更好的生活，所以一定要多工作。
   C. 因为工作忙，很多我们想做的事儿都没有时间做。
2. 课文中“休息是为了走更远的路”是什么意思？（　　）
   A. 休息好了，可以走得更快。
   B. 休息好了，工作的效果会更好。
   C. 走路累了要休息一下儿。
3. 作者觉得工作累的时候做什么可以放松一下儿？（　　）
   A. 看电影、聊天或者旅行
   B. 睡觉或者吃好吃的
   C. 看书或者参观

练习
Reading Practice

一、认读练习。 Word recognition.

(一)认读词语,与正确的拼音连线。Read, learn and match.

1. 考试　　ānpái
2. 复习　　kǎoshì
3. 安排　　fùxí
4. 参观　　xiàoguǒ
5. 效果　　hánjià
6. 部分　　lǚxíng
7. 旅行　　cānguān
8. 寒假　　bùfen

(二)看图片,选择合适的词语。Look at the pictures and choose the right word for each one.

A

B

C

D

E

1. 考试(　　)　2. 旅行(　　)　3. 晒太阳(　　)
4. 放松(　　)　5. 看电影(　　)

(三)选择合适的词语填空。Choose the right word for each blank.

A. 放松　B. 效果　C. 旧　D. 别　E. 正好　F. 好玩儿

1. 我的衣服太 jiù(　　)了,所以想去买新的。

2. 放假了，我们 fàngsōng(　　)一下吧。
3. 休息好了，工作的 xiàoguǒ(　　)会更好。
4. Bié(　　)说了，我们已经上课了。
5. 武汉有很多 hǎowánr(　　)的地方。
6. 我想去办公室找李老师，李老师 zhènghǎo(　　)来了。

二、选词填空。Fill in the blanks.

A. 各　B. 最近　C. 过　D. 复习　E. 安排

1. 星期六晚上你有什么(　　)?
2. (　　)他去看了一部很有意思的电影。
3. 明天有考试，所以他打算今天(　　)一下儿旧课。
4. 你写作业，我看电视，我们(　　)做各的事儿。
5. 你以前学(　　)汉语吗?

A. 放松　B. 次　C. 遍　D. 最　E. 建议

1. 老师(　　)我多听、多说、多看、多写。
2. 太累了，(　　)一下儿吧。
3. 你(　　)喜欢的电影是哪一部?
4. 这本书我看了三(　　)，还有很多部分没看。
5. 请你再说一(　　)。

A. 地方　B. 回　C. 放假　D. 怕　E. 部分

1. 很多学生觉得 HSK 书写(　　)最难。
2. 暑假你打算去什么(　　)旅行?
3. 他去过一(　　)北京。
4. (　　)的时候，你有什么安排?
5. 他(　　)明天的考试，因为还没准备好呢。

A. 为了　B. 因为　C. 分之　D. 从来　E. 老

1. (　　)电影有时候特别好看。
2. (　　)学汉语，他来中国。
3. (　　)我身体不舒服，所以我今天不能来上课。
4. 地球(dìqiú/earth)上百(　　)七十的地方是海洋(hǎiyáng/ocean)。
5. 我(　　)没去过美国。

三、选择词语在句子中的正确位置。Put the word in the right position.

(　　)1. 她 A 已经 B 去 C 很多好玩儿的地方 D 了。(过)

(　　)2. 她 A 去年暑假 B 去 C 过 D 北京。(一回)

(　　)3. 马丽有点儿怕 A 冷 B,她想去 C 暖和 D 的地方。(一点儿)

(　　)4. 最近她的朋友 A 给 B 她 C 一些建议 D。(了)

(　　)5. 马丽还 A 坐 B 过船呢,所以这次她 C 想 D 去一趟香港。(没)

(　　)6. A 天天 B 学习了! C 放假了,我们 D 放松一下吧。(别)

(　　)7. A 工作是 B 更好的 C 生活,所以 D 听听我的建议吧。(为了)

(　　)8. 这部电影 A 太老 B 了,我已经看 C 几遍 D 了。(过)

四、请用下列句子完成会话。Use the following sentences to complete the dialogue.

A. 今天晚上你有安排吗?　B. 最近哪一部电影比较好看?
C. 你去过中国什么地方?　D. 我建议你去海南,海南冬天很暖和。
E. 每天工作太累了!　F. 我一次也没去过。

1. A:____________________________
   B:听说《功夫熊猫》不错。
2. A:我有点儿怕冷,有暖和一点儿的地方吗?
   B:____________________________
3. A:____________________________
   B:我去过北京,也去过上海,还没去过海南。
4. A:____________________________
   B:晚上我要复习复习旧课,因为明天有考试。
5. A:____________________________
   B:是呀,工作是生活的一部分,休息也是生活的一部分。所以不能只工作,还要休息。
6. A:你去过北京吗?
   B:____________________________

五、连词成句。Make sentences with the following words.

1. 我　看　那部电影　过

____

2. 已经　我　那部电影　看过　几遍　了

____

3. 可以给我　一些　你　建议　吗

____

4. 也没有　一次　爬过　他　长城

____

5. 可以　再　你　北京　去一次

____

6. 从来　他　来过　没有　中国

____

7. 为了　是　休息　走更远的　路

____

8. 一部分　只是　生活的　工作

____

9. 跟他　别　聊天　了

____

六、看图，用指定的词语写句子。 Look at the pictures and make sentences with the given words.

1.  旅行______________________________

2.  好看______________________________

3.  遍______________________________

4.  考试______________________________

5. 长城 ______________________

七、排列句子的顺序。Put the sentences in the right order.

例如：A. 我去办公室找李老师
B. 她在家
C. 但是她不在办公室 → ACB

1. A. 下个星期马丽有考试
B. 马丽每天都要复习
C. 所以她觉得太累了 ______

2. A. 参观过一次故宫
B. 她去年暑假去过一回北京
C. 还爬过香山 ______

3. A. 在海边晒晒太阳感觉很放松
B. 冬天去海南最合适
C. 那儿冬天很暖和 ______

4. A. 不但有很多好吃的
B. 香港冬天不太冷
C. 而且也有很多好玩儿的 ______

5. A. 工作累的时候
B. 可以让(ràng/let)我们放松一下儿
C. 去电影院看一部老电影或者新电影 ______

6. A. 工作是为了更好的生活
B. 然而，却不是生活的一切
C. 所以我们要学会休息 ______

八、请根据句子的意思，用给出的偏旁或部件，写出正确的汉字。Please write the correct Chinese characters with the given Chinese character components according to the sentence.

1. 今天晚上你有安 pái(　　)吗？(扌)
2. Bié(　　)说了，请安静，已经开始上课了。(刂)
3. 最 jìn(　　)天气越来越冷了。(辶)

4. 这本书很新，是他的。我的书不新，那本 jiù(　　)的是我的。(丨)
5. 寒假你打算去哪儿 lǚ(　　)行？(方)
6. 暑 jià(　　)有两个月，我们去国外玩儿吧。(亻)
7. 欢迎你来我们这儿参 guān(　　)。(又)
8. 我每次都会听听爸爸的 jiàn(　　)议。(廴)
9. 听说这种感冒药的 xiào(　　)果很不错。(攵)
10. 我想再听一 biàn(　　)这课的听力。(辶)

九、写一写：介绍一下儿你去过中国哪些地方，假期你有什么安排。尽量用上指定的词语。 Writing: Use as many of the following words as you can to write a passage about the places that you haven been in China, and what are your plans for the holiday.

从来　　次　　放松　　好玩　　地方

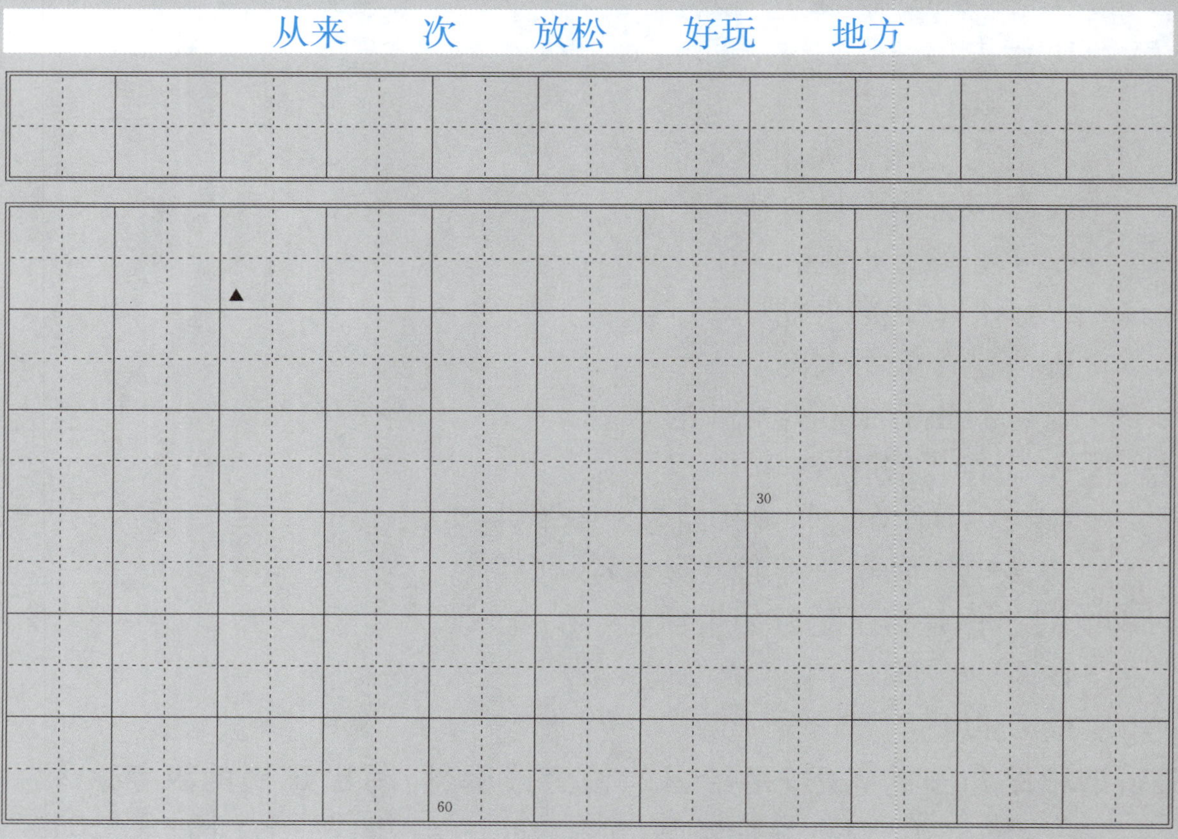

补充生词

抽烟　　地球　　海洋　　功夫　　让

第五课

Tā xiě cuò le yí gè jùzi

她写错了一个句子

热身 Warming-Up

Nǐ zěnme kàn qǐlái hěn nánguò?
1. A：你 怎么 看 起来 很 难过？

Zhè cì kǎoshì méi káo hǎo，chéngjì bú tài lǐxiǎng.
B：这 次 考试 没 考 好， 成绩 不 太 理想。

Nǐ píngshí zěnme xuéxí Hànyǔ?
2. A：你 平时 怎么 学习 汉语？

Shàngkè yǐqián，xiān yùxí xīn kè. Xiàkè yǐhòu，fùxí jiù kè.
B：上课 以前，先 预习 新 课。下课 以后，复习 旧 课。

Zhè cì kǎoshì nán bu nán?
3. A：这 次 考试 难 不 难？

Wǒ gǎnjué bú tài nán，búguò tí tài duō le，wǒ méi zuò wán.
B：我 感觉 不 太 难，不过 题 太 多 了，我 没 做 完。

Yàoshi yǒu bú rènshi de cí，nǐ zěnme bàn?
4. A：要是 有 不 认识 的 词，你 怎么 办？

Chá cídiǎn huòzhě wèn lǎoshī.
B：查 词典 或者 问 老师。

Nǐ yuèdú zuò de zěnmeyàng?
5. A：你 阅读 做 得 怎么样？

Zuòduì le shísān gè，zuòcuò le liǎng gè.
B：做对 了 十三 个，做错 了 两 个。

新词语 1 New Words

1. 完	wán	(*adj.*)	complete; entire
2. 起来	qǐlái	(*v.*)	used after the verb to indicate direction or trend
看起来	kàn qǐlái		looks as if; seemingly
3. 难过	nánguò	(*adj.*)	have a hard time
4. 题	tí	(*n.*)	questions; problems (in a test or quiz)
5. 感觉	gǎnjué	(*n.*)	feeling; sensation
		(*v.*)	sense; feel; perceive
6. 成绩	chéngjì	(*n.*)	score
7. 理想	lǐxiǎng	(*n.*)	ideal; perfection
8. 书写	shūxiě	(*v.*)	write
9. 容易	róngyì	(*adj.*)	easy
10. 可是	kěshì	(*conj.*)	but; yet; however
11. 错的	cuò de	(*adj.*)	wrong
12. 句子	jùzi	(*n.*)	sentence
13. 大夫	dàifu	(*n.*)	doctor
14. 成	chéng		
15. 简单	jiǎndān	(*adj.*)	easy; simply
16. 像	xiàng	(*v.*)	look like
17. 要是	yàoshi	(*conj.*)	if
18. 注意	zhùyì	(*v.*)	pay attention to; to keep an eye on; take notice of

19. 要求	yāoqiú	(*v.*)	ask; request; demand; need
		(*n.*)	request; demand; need
20. 严格	yángé	(*adj.*)	strict; rigorous; stringent
21. 平时	píngshí	(*adj.*)	normally; usually
22. 认真	rènzhēn	(*adj.*)	conscientious; serious; earnest
23. 讲	jiǎng	(*v.*)	speak; tell
24. 生词	shēngcí	(*n.*)	new word
25. 语法	yúfǎ	(*n.*)	grammar
26. 积极	jījí	(*adj.*)	positive; vigorous
27. 回答	huídá	(*v.*)	answer; reply; respond
		(*n.*)	answer; reply; response
28. 问题	wèntí	(*n.*)	question; problem
29. 练习	liànxí	(*v.*)	practice; exercise
		(*n.*)	exercise
30. 然后	ránhòu	(*conj.*)	then; after that; afterwards
31. 预习	yùxí	(*v.*)	preview
32. 词	cí	(*n.*)	word
词语	cíyǔ	(*n.*)	word and phrase
33. 懂	dǒng	(*v.*)	understand
34. 查	chá	(*v.*)	investigate; look up a word in the dictionary
35. 词典	cídiǎn	(*n.*)	dictionary
36. 广播	guǎngbō	(*n.*)	broadcasting
37. 坚持	jiānchí	(*v.*)	insist on; persist in; keep up

关键词语
Key Words

起来	qǐlái	看起来/吃起来/听起来 她看起来很严格。‖这个菜吃起来很辣。‖这个办法听起来不错。
理想	lǐxiǎng	他找到了理想的工作。‖考试的成绩不太理想。‖我有一个理想。
像	xiàng	他像他爸爸。‖"帅"和"师"看起来很像。
要是……就……	yàoshi…jiù…	要是你生病了，就去医院吧。‖你要是来看我，就给我打电话。
然后	ránhòu	我先写作业，然后预习新课。

课文（一）
Text Ⅰ

马丽考完试看起来很难过，考试题不太多，她都做完了，不过她感觉这次考试没考好，成绩可能不太理想。书写题看起来很容易，可是她写错了一个句子。"我爸爸是大夫"的"大夫"写成了"大天"，"夫"字很简单，但是"夫"跟"天"看起来很像，要是不注意就写成了"天"字。除了这个句子，别的句子都写对了。朋友说马丽对自己的要求太严格了。

平时马丽有自己的学习方法。上课的时候，认真听老师讲生词和语法，积极回答老师的问题，下课以后，先复习旧课，做练习，然后预习新课，要是有没听懂的地方，她就问老师。

马丽喜欢看中国电影，要是有不认识的词，她就查词典，这样她能看懂的东西越来越多。除了看电影，她也看电视节目，听广播。马丽还喜欢跟王华一起学习，他们一会儿说英语，一会儿说汉语，马丽觉得这个方法挺好的，不但练习了口语和听力，而且还认识了一个中国朋友。

朋友说，马丽每天都坚持学习，一定能学好汉语。

◆根据课文内容，选择正确答案。Choose the right answer according to the text.

1. 马丽考完试心情怎么样？（　　）

A. 高兴　　B. 难过　　C. 快乐

2. 这次考试，马丽（　　）。

A. 考得很好　　B. 觉得书写题很难

C. 书写题写错了一个句子

3. 马丽写错了哪个汉字？（　　）

A. 夫　　B. 天　　C. 大

4. 下面哪个不是马丽的学习方法？（　　）

A. 上课的时候认真听

B. 下课后复习旧课、预习新课

C. 要是有没听懂的地方，自己查词典

5. 马丽学习汉语还有什么方法？（　　）

A. 看美国电影　　B. 看电视节目　　C. 找辅导（fúdǎo/tutor）老师

新词语 2 New Words

1. 按照	ànzhào	(*prep.*)	according to
2. 能力	nénglì	(*n.*)	ability; capacity; capability
3. 眼睛	yǎnjing	(*n.*)	eye
4. 一会儿	yíhuìr		a little while
5. 杂志	zázhì	(*n.*)	magazine
6. 耳朵	ěrduo	(*n.*)	ear
7. 听力	tīnglì	(*n.*)	hearing
8. 提高	tígāo	(*v.*)	lift; raise; enhance; increase; improve

9. 口语	kóuyǔ	(*n.*)	the spoken language
10. 水平	shuǐpíng	(*n.*)	standard; level (of skill, ability and knowledge, etc.)
11. 记得	jìde	(*v.*)	remember
12. 清楚	qīngchu	(*adj.*)	clear; distinct
		(*v.*)	be clear about; understand
13. 最后	zuìhòu	(*n.*)	the last
14. 获得	huòdé	(*v.*)	acquire; obtain; gain

关键词语 Key Words

按照	ànzhào	我们按照课表上课。‖他按照老师说的方法学习。
提高	tígāo	提高汉语水平
记得	jìde	她说的话我还记得。‖这件事不记得是发生在哪一年了。
最后	zuìhòu	我先吃晚饭,然后写作业,最后洗澡睡觉。‖这是全书的最后一部分。

课文(二) Text Ⅱ

学汉语应该有适合自己的方法。一般人们按照自己的习惯和学习的能力选择最合适的方法,所以每个人的方法不一定一样。像学习别的语言一样,学习汉语也需要时间练习,一定要用"眼、耳、口、手"。

用"眼睛"看。每天坚持看一会儿书、杂志、电视或者电影,一边看一边认识汉字。练习阅读的方法有很多。阅读的时候不要一边看,一边查词典。

用“耳朵”听。听老师讲，听别人说。很多句子听起来感觉很容易，但是没听懂。上听力课的时候，有的留学生一边听，一边用手机查生词，这样就没办法听完老师说什么，学习效果也不好。

用“口”说话。平时上课的时候积极回答老师的问题，这样老师就知道你听懂了没有。有的留学生喜欢找中国朋友互相学习，这个方法挺好的，不但提高了汉语口语水平，而且可以认识更多的朋友，不用担心说错。

用“手”写。要想记住生词和语法，一定要多写。老师一般要求学生先会读，然后会写。写得越多，记得越清楚。先写简单的汉字，然后写难点儿的，最后你会觉得写汉字一点儿也不难。

除了这些方法，到中国留学，在哪儿都可以学习汉语。用适合自己的方法认真学习，你一定能学会汉语，获得理想的成绩！

◆根据课文内容，选择正确答案。Choose the right answer according to the text.

1. 要是想学好汉语，（　　）。

A. 要找到适合自己的方法

B. 每天看书或者看电影

C. 不用写汉字

2. 阅读的时候，（　　）。

A. 一边看，一边查词典

B. 有不认识的汉字也没关系

C. 汉字太难，用手机查生词

3. 练习听力有什么方法？（　　）

A. 看书　　B. 查词典　　C. 听老师讲，听别人说

4. 练习口语的时候留学生常常（　　）。

A. 看电影　　B. 担心说错　　C. 找不到朋友

5. 根据课文，我们知道（　　）。

A. 学习汉语可以先会读，然后会写

B. 汉字太多了，没办法记住

C. 先写难点儿的汉字可以学得很好

练习
Reading Practice

一、认读练习。Word recognition.

（一）认读词语，与正确的拼音连线。Read, learn and match.

1. 注意	yāoqiú
2. 要求	zhùhè
3. 严格	yùxí
4. 祝贺	jījí
5. 预习	zhùyì
6. 认真	huídá
7. 积极	yángé
8. 回答	rènzhēn

（二）看图片，选择合适的词语。Look at the pictures and choose the right word for each one.

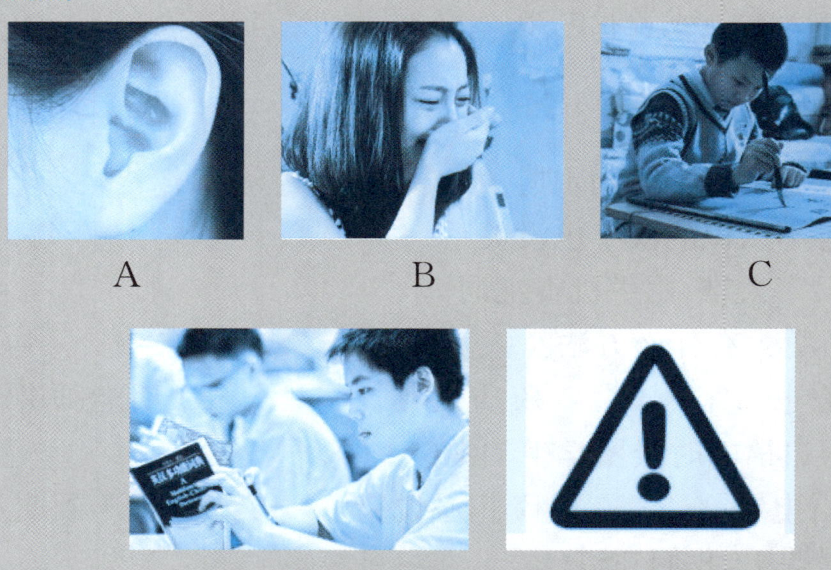
A　B　C　D　E

1. 难过（　　）　2. 耳朵（　　）　3. 注意（　　）
4. 练习书法（shūfǎ/calligraphy）（　　）　5. 查词典（　　）

（三）选择合适的词语填空。Choose the right word for each blank.

A. 简单　B. 感觉　C. 容易　D. 方法　E. 完　F. 难过

1. 今天的考试不难，很 róngyì(　　)。

2. 冬天来了，我 gǎnjué(　　)天气越来越冷了。

3. 学习汉语一定要有适合自己的 fāngfǎ(　　)。

4. 越 jiǎndān(　　)的问题越容易回答错。

5. 今天的作业你写 wán(　　)了吗？

6. 昨天的考试成绩不太理想，所以他很 nánguò(　　)。

二、选词填空。Fill in the blanks.

A. 起来　　B. 成绩　　C. 理想　　D. 句子　　E. 可是

1. 他每次都想考 100 分，(　　)他不认真学习。

2. 这个苹果看(　　)很好吃。

3. 这个(　　)翻译成英语怎么说？

4. 他的成绩不太(　　)，所以他很难过。

5. 他这次考试(　　)很好，大家都祝贺他。

A. 题　　B. 像　　C. 注意　　D. 要求　　E. 平时

1. (　　)多练习，考试才能考好。

2. 这次考试(　　)很多，很多学生都没写完。

3. 请大家(　　)上课的时间。

4. 老师(　　)我们八点到教室上课。

5. “夫”跟“天”看起来很(　　)。

A. 除了　　B. 感觉　　C. 容易　　D. 词典　　E. 重要

1. 上课的时候认真听讲很(　　)。

2. (　　)阅读，我们还要考听力和书写。

3. 冬天外边太冷，耳朵都没有(　　)了。

4. 想学好汉语不太(　　)。

5. 要是有不知道的汉字，可以查(　　)。

A. 能力　B. 选择　C. 按照　　D. 担心　　E. 提高

1. 每个人学习外语的(　　)不一样，有的高，有的低。

2. 我们要(　　)课表(kèbiǎo/timetable)上课。

3. 他认真学习,汉语水平(　　)得很快。

4. 刚来中国的时候,妈妈非常(　　)我的学习和生活。

5. 茶还是咖啡?你(　　)什么?

三、选择词语在句子中的正确位置。 Put the word in the right position.

(　　)1. 他感觉 A 这次考试没 B 考 C,D 成绩可能不太理想。(好)

(　　)2. 书写题 A 看起来 B 很容易,但是她写 C 了 D 一个句子。(错)

(　　)3. 今天考试题 A 不多,他 B 都 C 做 D 了。(完)

(　　)4. A"睡觉"他 B 说 C"水饺"D 了。(成)

(　　)5. 要是 A 有你不知道的汉字 B,C 你 D 查字典(zìdiǎn/dictionary)吧。(就)

(　　)6. 一般 A 人们 B 自己的习惯和 C 学习的能力 D 选择最合适的方法。(按照)

(　　)7. A 老师 B 要求 C 我们 D 会读,然后会写。(先)

(　　)8. A 这个句子 B,C 别的句子 D 他都写对了。(除了)

四、请用下列句子完成会话。 Use the following sentences to complete the dialogue.

A. 你怎么看起来这么难过?
B. 你平时怎么学习汉语?
C. 这次考试你觉得题难不难?
D. 我听力考得挺好的,除了一个句子没听懂,别的都听懂了。
E. 我喜欢看中国电影,一边看电影,一边练习阅读。
F. 题太多了,我没有做完。

1. A:你平时怎么练习阅读?

　B:________________________________

2. A:________________________________

　B:我觉得题不太难,但是题太多了,所以我没有都做完。

3. A:你听力考得好不好?

B：________________________

4. A：________________________

B：我每天预习新课，复习旧课。上课时，认真听讲。

5. A：这次考试你做完了吗？

B：________________________

6. A：________________________

B：这次我没考好，成绩不太理想。

五、连词成句。Make sentences with the following words.

1. 我　旧课　先复习　然后　新课　预习

____

2. 今天的　做完了　考试题　她　都

____

3. 一个　他　句子　写　了　错

____

4. 聪明　看起来　小孩子　那个　很

____

5. 听懂　今天的　我　没有　语法

____

6. 的时候　上课　他　老师的　积极回答　问题

____

7. 他的　提高得　汉语水平　快　很

____

8. 一定　学好　我　要　汉语

____

9. 自己的　按照　他　方法　学习汉语

____

10. 越来越　能听懂的　他　句子　多

____

六、看图，用指定的词语写句子。Look at the pictures and make sentences with the given words.

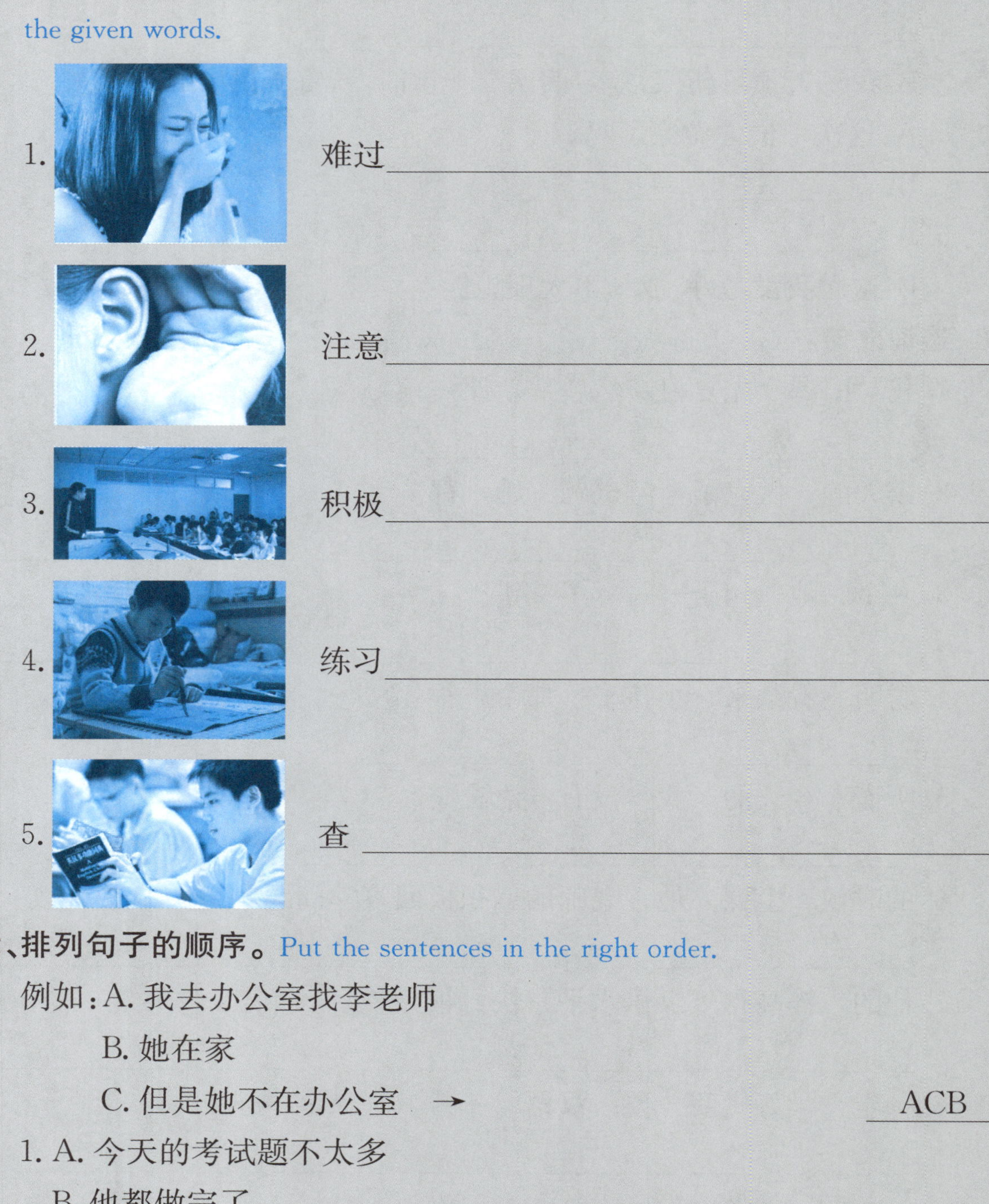

1. 难过______________________

2. 注意______________________

3. 积极______________________

4. 练习______________________

5. 查______________________

七、排列句子的顺序。Put the sentences in the right order.

例如：A. 我去办公室找李老师

B. 她在家

C. 但是她不在办公室 → ACB

1. A. 今天的考试题不太多

B. 他都做完了

C. 可是没有都做对 ________

2. A. 学汉语应该有适合自己的方法

B. 选择最合适的方法

C. 一般人们按照自己的习惯和学习能力 ________

3. A. 一定要多听、多说、多读、多写
B. 学习汉语也需要时间练习
C. 跟学习别的语言一样 ________

4. A. 每天坚持看一会儿书
B. 但是你仍然可以读懂句子
C. 有时书里一些词语看起来很难 ________

5. A. 积极回答老师的问题
B. 这样老师就知道你听懂了没有
C. 平时上课的时候 ________

6. A. 老师一般要求学生先会读
B. 写得越多，记得越清楚
C. 然后会写 ________

7. A. 除了喜欢学习
B. 跑步、打球他都很喜欢
C. 他还爱好运动 ________

8. A. 就给我打电话
B. 我去火车站接(jiē/pick up someone)你
C. 要是你来武汉 ________

八、请根据句子的意思，用给出的偏旁或部件，写出正确的汉字。 Please write the correct Chinese characters with the given Chinese character components according to the sentence.

1. 吃 wán(　　)晚饭你打算做什么？(宀)
2. 请大家 zhù(　　)意，考试从八点半开始。(氵)
3. 每天晚上他先复习，rán(　　)后写作业。(灬)
4. 这个问题很 jiǎn(　　)单，大家都回答对了。(⺮)
5. 这次考试的成绩不太理 xiǎng(　　)，所以他很难过。(心)
6. 别 nán(　　)过，你还有机会。(又)

7. 王老师对学生非常严 gé(　　)(木)

8. 他上课的时候回答问题很 jī(　　)极。(禾)

9. 你能教我怎么 chá(　　)词典吗?(一)

10. 他的汉语水平 tí(　　)高了。(扌)

九、写一写:介绍一下儿你学习汉语的方法,尽量用上指定的词语。

Writing: Use as many of the following words as you can to write a passage about the way you learn Chinese.

看起来　　平时　　然后　　适合　　感觉

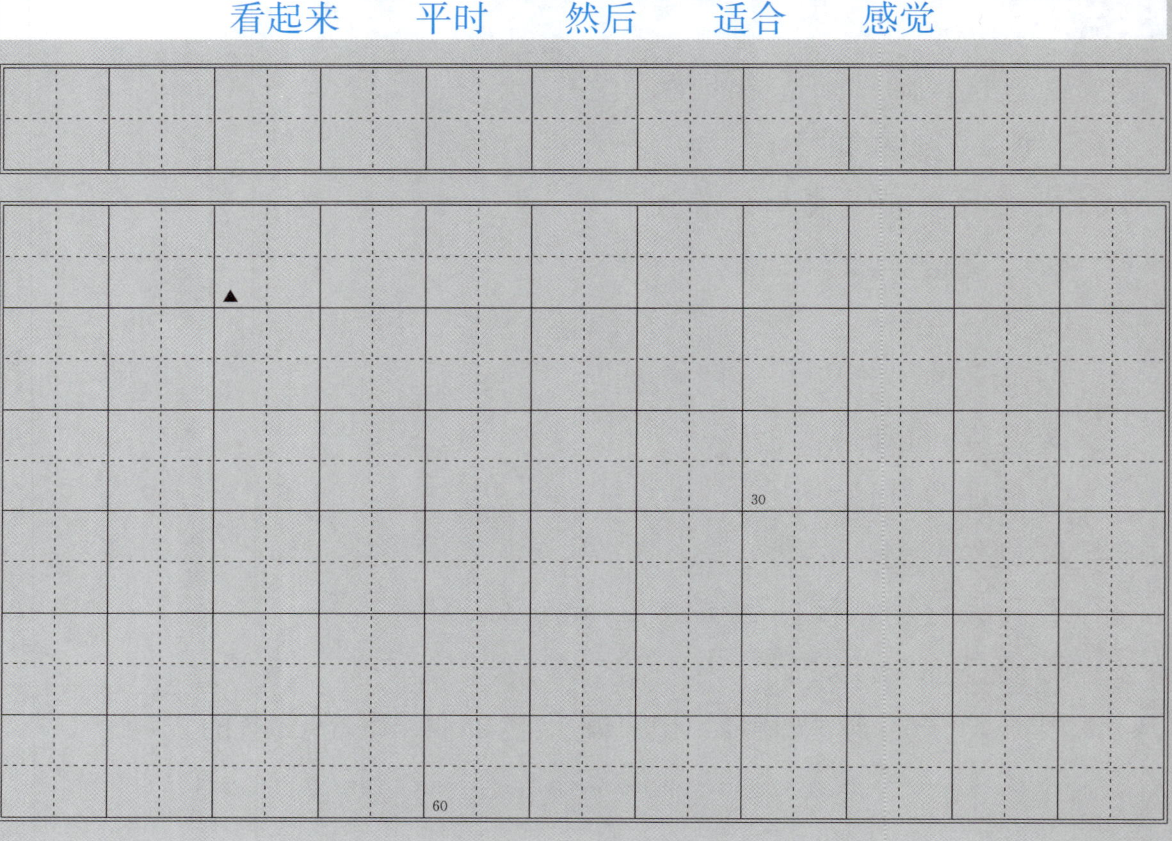

补充生词

书法　　辅导　　课表　　接　　字典

第六课

Tā dàizhe yǎnjìng

她戴着眼镜

热身 Warming-Up

Nǐ zài kàn shénme ne?
1. A：你 在 看 什么 呢？

Wǒ zài kàn gēge shàng dàxué shí de zhàopiānr.
B：我 在 看 哥哥 上 大学 时 的 照片儿。

Qǐngwèn, nǎ wèi shì Wáng lǎoshī?
2. A：请问，哪 位 是 王 老师？

Nàge dàizhe yǎnjìng, chuānzhe báisè chènshān de nǚ lǎoshī jiùshì Wáng lǎoshī.
B：那个 戴着 眼镜，穿着 白色 衬衫 的 女 老师 就是 王 老师。

Shóu lǐ názhe shū de nàge rén shì nǐ de lǎoshī ma?
3. A：手 里 拿着 书 的那个 人 是 你 的 老师 吗？

Duì, tā shì wǒmen de tīngshuō kè lǎoshī.
B：对，他 是 我们 的 听说 课 老师。

Tā de nǚ péngyou zěnmeyàng?
4. A：他 的 女 朋友 怎么样？

Zhǎngde hěn piàoliang, chángcháng de tóufa, dàdà de yǎnjing, xìnggé yě tèbié hǎo.
B：长得 很 漂亮，长长 的 头发，大大 的 眼睛，性格 也 特别 好。

Nǐ bà mā kàn qǐlái hǎo niánqīng a!
5. A：你 爸 妈 看 起来 好 年轻 啊！

Zhè shì yǐqián de zhàopiānr, xiànzài tāmen dōu lǎo le, tóufa yě bái le.
B：这 是 以前 的 照片儿，现在 他们 都 老 了，头发 也 白 了。

新词语 1 New Words

1. 个子	gèzi	(*n.*)	height
2. 脸	liǎn	(*n.*)	face
3. 圆	yuán	(*adj.*)	round
4. 鼻子	bízi	(*n.*)	nose
5. 戴	dài	(*v.*)	wear; put on
6. 着	zhe	(*aux.*)	used after a verb, indicating that an action for state starts and continues
7. 眼镜	yǎnjìng	(*n.*)	glasses; spectacles
8. 头发	tóufa	(*n.*)	hair
9. 说话	shuōhuà	(*v.*)	speak; talk; say
10. 声音	shēngyīn	(*n.*)	sound; voice
11. 性格	xìnggé	(*n.*)	character; nature; temperament
12. 特别	tèbié	(*adv.*)	especially
13. 年轻	niánqīng	(*adj.*)	young
14. 经验	jīngyàn	(*n.*)	experience
15. 丰富	fēngfù	(*v.*)	enrich
		(*adj.*)	abundant; plentiful; copious; rich; profuse
16. 耐心	nàixīn	(*n.*)	patience
17. 连	lián	(*adv.*)	even (used for emphasis)
18. 总是	zǒngshì	(*adv.*)	always

19. 笑	xiào	(*v.*)	laugh；smile
20. 鼓励	gǔlì	(*n.*)	inspiration；encouragement
		(*v.*)	encourage；work up；cheer on
21. 如果	rúguǒ	(*conj.*)	if；in case；supposing that
22. 表扬	biǎoyáng	(*v.*)	praise
23. 迟到	chídào	(*v.*)	be late
24. 批评	pīpíng	(*v.*)	criticize
		(*n.*)	criticize；comment
25. 做客	zuòkè	(*v.*)	be a guest
26. 孩子	háizi	(*n.*)	children
27. 长	zhǎng	(*v.*)	grow
28. 蓝	lán	(*adj.*)	blue
29. 帽子	màozi	(*n.*)	hat；cap
30. 样子	yàngzi	(*n.*)	appearance；shape
31. 美丽	měilì	(*adj.*)	beautiful

关键词语
Key Words

戴	dài	戴眼镜/戴手表/戴帽子 他戴着眼镜。
特别	tèbié	她今天特别美丽。‖他的帽子很特别。
连	lián	他连周末也在办公室工作。‖这个简单的问题连三岁的孩子都知道。
总是	zǒngshì	他总是迟到。‖她总是笑着说话。
鼓励	gǔlì	他常常鼓励大家好好工作。‖大家的表扬给了他很大的鼓励。

长　　zhǎng　　长大了/长高了/长长了

孩子长得特别快。‖她长得很漂亮。

课文（一）
Text I

我的老师姓李，她三十多岁，个子高高的，皮肤白白的，脸圆圆的，眼睛又大又黑，鼻子高高的，她戴着眼镜。她的头发又长又黑。李老师说话的声音很好听。我们班的同学都很喜欢她。

李老师不但人长得很漂亮，而且性格也特别好。她虽然很年轻，但是汉语教得很好，经验很丰富。她对学生非常有耐心，要是你有什么不懂的问题，她会给你讲很多遍。她连周末也会帮助我们学习，她总是笑着鼓励我们要认真学好汉语。

李老师对我们很严格，如果我们认真学习，她就表扬我们；如果我们迟到或者不写作业，她就会批评我们。不过，我们一点儿都不怕她，因为她是我们的老师，也是我们的朋友。

今天，李老师邀请我和马丽去她家做客，她有一个孩子，长得很像她，戴着蓝帽子，穿着一条黄色的裙子，脚上穿着一双黑皮鞋，样子特别美丽。我们在李老师家喝茶、聊天儿，觉得很高兴。

不但我爱我的老师，而且我们班的同学都喜欢她，我们一定努力学好汉语。

◆根据课文内容，选择正确答案。Choose the right answer according to the text.

1. 李老师今年（　　）。

A. 三十岁　　B. 三十多岁　　C. 二十八九岁

2. 她的头发（　　）。

A. 多多的　　B. 白白的　　C. 很黑，也很长

3. 关于(guānyú/with regard to)李老师，我们知道（　　）。

A. 她教汉语的经验不太多

B. 她长得很一般

C. 同学们都喜欢她的性格

4. 李老师的性格怎么样？（　　）

A. 很有耐心　　B. 很容易批评学生　　C. 不喜欢表扬学生

5. 我们为什么不怕李老师？（　　）

A. 她对我们不太严格

B. 她不会批评我们

C. 她是老师，也是我们的朋友

6. 根据课文内容，我们知道（　　）。

A. 李老师的孩子不像她

B. 李老师有一个女儿（nǚ'ér/daughter）

C. 我们去李老师家喝茶、看电视

新词语 2
New Words

1. 帅	shuài	(*adj.*)	handsome; graceful (used to describe the male)
2. 幽默	yōumò	(*adj.*)	humorous; funny
3. 上班	shàngbān	(*v.*)	go to work; start to work
4. 结婚	jiéhūn	(*v.*)	marry
5. 几乎	jīhū	(*adv.*)	nearly; almost
6. 希望	xīwàng	(*v.*)	hope; wise; want; be desirous of
		(*n.*)	hope; wish
7. 生	shēng	(*v.*)	give birth to a child
8. 可怜	kělián	(*adj.*)	pitiful; pitiable; poor
9. 对象	duìxiàng	(*n.*)	object; target; marriage partner
10. 看见	kànjiàn	(*v.*)	see
11. 拿	ná	(*v.*)	hold; take

12. 理解	lǐjiě	(*v.*)	understand; comprehend
13. 优秀	yōuxiù	(*adj.*)	outstanding; great; superior; exceptional
14. 剩	shèng	(*v.*)	be left over; remain
15. 妻子	qīzi	(*n.*)	wife
16. 丈夫	zhàngfu	(*n.*)	husband
17. 第一	dì-yī	(*num.*)	first

关键词语 Key Words

结婚	jiéhūn	她姐姐春节就要和男朋友结婚了。‖他结婚三年了。
几乎	jīhū	我们班的同学几乎都去参观了。‖他的头发几乎全白了。
看见	kànjiàn	我昨天看电影的时候,看见了李老师。‖快看!飞机!你看见了吗?
剩	shèng	这本书已经学了九课了,还剩一课。‖我有一百块钱,去了一趟超市,现在还剩十块钱。
希望	xīwàng	他爸爸希望他能做一名医生。‖年轻人是我们的希望。

课文(二) Text Ⅱ

我哥哥很帅,性格也很好,他是一个很幽默的人,但是他的工作太忙,有时候连周末都要上班,所以三十多岁的他现在还没结婚,连女朋友都没有,但他一点儿都不着急。我妈妈很着急,她觉得自己不年轻了,头发几乎全白了,希望哥哥早点儿结婚生孩子。在中国,像这样的父母还有很多，这就是中国人常说的“可怜天下父母心”。

最近，父母急着帮子女找对象的事儿很常见。每到周末，在上海的大公园里经常看见很多老人骑着车来到这里，他们一边拿着孩子的照片向别的父母介绍自己的孩子，一边也认真看着别人孩子的介绍。他们希望能帮自己的孩子找到合适的另一半。有的年轻人非常优秀，不但长得好，而且工作也不错，父母很不理解他们为什么会成为“剩男”“剩女”。他们不是找不到妻子或者丈夫，而是不想找，在他们的生活中排第一位的是工作。

◆根据课文内容，回答问题。Answer the following questions according to the text.

1.“我”哥哥为什么没有女朋友？（　　）

A. 他长得不帅

B. 他工作太忙

C. 他性格不太好

2.“我”哥哥的性格怎么样？（　　）

A. 很幽默

B. 很无聊（wúliáo/bored）

C. 有耐心

3. 根据课文的内容，我们知道（　　）。

A. 父母都理解自己的孩子为什么不结婚

B. 孩子因为工作忙，所以不结婚，父母觉得没什么

C. 很多年轻人不是找不到结婚对象，是他们自己不想找

4. 很多年轻人觉得（　　）最重要。

A. 结婚　　B. 父母　　C. 工作

5.“另一半”“剩男”“剩女”分别是什么意思？

____

____

____

练习
Reading Practice

一、认读练习。Word recognition.

（一）认读词语，与正确的拼音连线。Read, learn and match.

1. 眼镜　　yǎnjìng
2. 眼睛　　lǐjiě
3. 性格　　gǔlì
4. 经验　　yángé
5. 严格　　xìnggé
6. 表扬　　yǎnjing
7. 鼓励　　jīngyàn
8. 理解　　biǎoyáng

（二）看图片，选择合适的词语。Look at the pictures and choose the right word for each one.

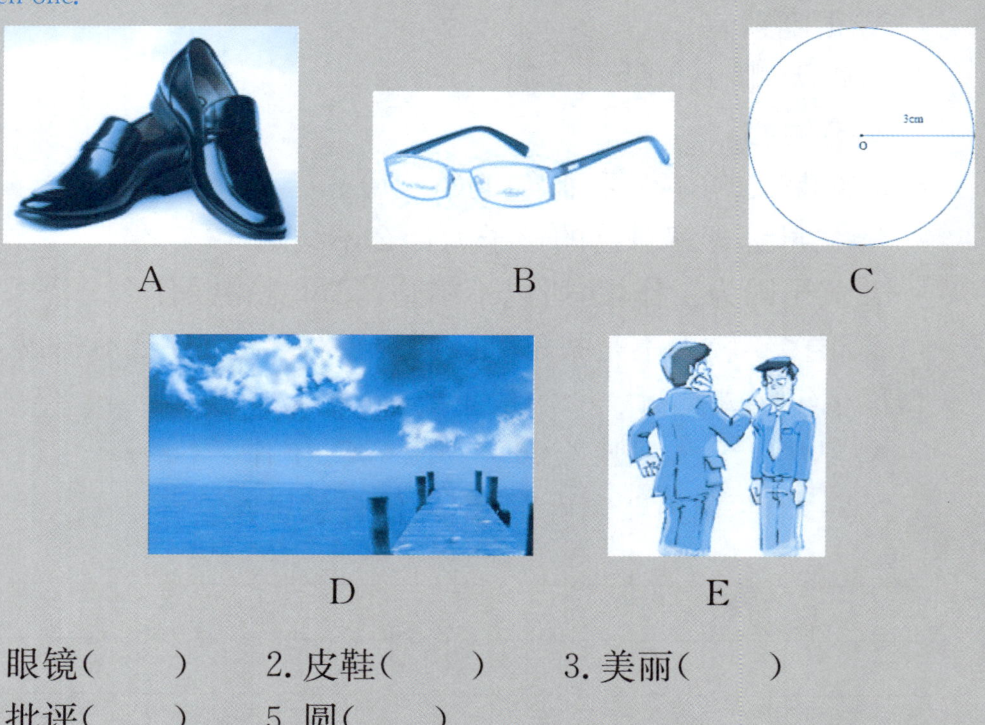

A　B　C　D　E

1. 眼镜（　　）　2. 皮鞋（　　）　3. 美丽（　　）
4. 批评（　　）　5. 圆（　　）

（三）选择合适的词语填空。Choose the right word for each blank.

A. 戴　B. 声音　C. 幽默　D. 表扬　E. 样子　F. 理解

1. 她 dài(　　)着眼镜。
2. 他是一个很 yōumò(　　)的人，大家都喜欢跟他聊天儿。
3. 听他的 shēngyīn(　　)，感觉他很累。
4. 看 yàngzi(　　)她很困(kùn/feel sleepy)。
5. 要是你努力学习，老师一定会 biǎoyáng(　　)你。
6. 非常感谢(gǎnxiè/gratitude)您对我们工作的 lǐjiě(　　)。

二、选词填空。Fill in the blanks.

A. 个子　B. 说话　C. 特别　D. 性格　E. 耐心

1. 她非常有(　　)，要是学生有什么问题不懂，她就会讲很多遍。
2. 他(　　)高高的，皮肤白白的。
3. 他女朋友(　　)很安静，不太喜欢说话，看样子很害羞(hàixiū/shy)。
4. 这件衣服非常(　　)。
5. 她儿子(érzi/son)(　　)的样子很可爱。

A. 声音　B. 拿　C. 认真　D. 迟到　E. 鼓励

1. 李老师(　　)着书走进教室。
2. 明天的听力考试你一定不要(　　)。
3. 我的朋友常常(　　)我多说汉语。
4. 我听不清楚，(　　)能不能大点儿？
5. 他在看电视呢，看得很(　　)，连饭都忘记(wàngjì/forget)吃了。

A. 即使　B. 连　C. 不但　D. 如果　E. 虽然

1. 李老师(　　)长得很漂亮，而且性格特别好。
2. (　　)你不想去，你也要去。
3. (　　)三岁的孩子都知道这件事。
4. (　　)你不想去，那么你就别去了。
5. (　　)李老师常批评我们，但是我们还是很喜欢她。

A. 丰富　B. 理解　C. 剩　D. 第一　E. 样子

1. 看他的(　　)，又累又困。
2. 他工作了很多年，经验特别(　　)。
3. 妈妈给我八百块钱，我用了六百，还(　　)两百。

4. 那么多人里我(　　)眼(at the first sight)看见的就是她。

5. 我想来中国留学,可是我妈妈不太(　　)我。

三、选择词语在句子中的正确位置。 Put the word in the right position.

(　　)1. 他 A 手里 B 拿 C 一本书 D。(着)

(　　)2. 我 A 常常听 B 音乐 C 散步 D。(着)

(　　)3. 他穿 A 一条 B 漂亮的 C 红裙子 D。(着)

(　　)4. A 我 B 学习汉语 C,而且我妹妹 D 也学习汉语。(不但)

(　　)5. A 他 B 学习汉语 C,D 而且学得非常认真。(不但)

(　　)6. A 我们一点儿 B 都不怕李老师 C,D 她批评过我们,但是我们喜欢她。(虽然)

(　　)7. A 他的工作太忙了 B,C 周末 D 也要上班。(连)

(　　)8. A 我们班每个学生 B 都很 C 喜欢运动,D 是男生。(特别)

四、请用下列句子完成会话。 Use the following sentences to complete the dialogue.

A. 手里拿着书的那个人是你们的老师吗?
B. 她对我们很严格,如果我们不好好学习,她就会批评我们。
C. 我在看我们家的照片儿,我有点儿想家了。
D. 见过,她个子高高的,头发长长的,长得很漂亮。
E. 你妹妹跟你长得太像了!
F. 李老师性格怎么样?

1. A:______________________
   B:她性格特别好,对学生非常有耐心。

2. A:她对你们严格吗?
   B:______________________

3. A:你在做什么呢?
   B:______________________

4. A:______________________
   B:是呀,他是我们的阅读课老师。

5. A:你见过他的女朋友吗?
   B:______________________

6. A：________________________________

B：是啊，第一次看见我们俩（liǎ/both）的人都这么说。

五、连词成句。Make sentences with the following words.

1. 她的　长长的　头发

____

2. 很好听　声音　说话的　李老师

____

3. 戴着　帽子　她　蓝色的

____

4. 喝着　我们　聊天儿　茶

____

5. 一双　皮鞋　黑色的　她脚上　穿着

____

6. 对　我们的　李老师　很严格　学习

____

7. 连女朋友　他　没有　都

____

8. 他连　都不会　一句汉语　说

____

9. 她　鼓励我们　笑着　认真学习

____

10. 笑的　那个孩子　样子　很可爱

____

六、看图，用指定的词语写句子。Look at the pictures and make sentences with the given words.

1. 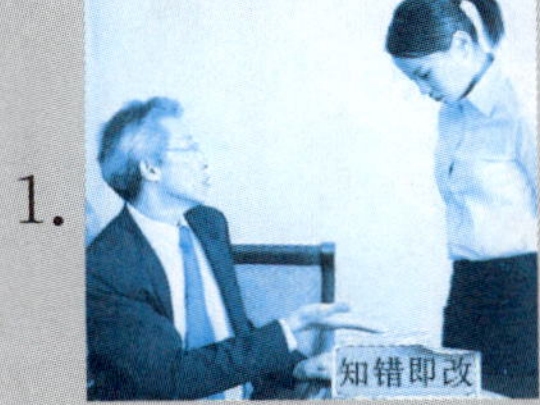

批评________________________________

2. 个子________________

3.  穿________________

4.  着________________

5.  样子________________

七、排列句子的顺序。 Put the sentences in the right order.

例如：A. 我去办公室找李老师

B. 她在家

C. 但是她不在办公室 → ACB

1. A. 她三十多岁

B. 我的老师姓李

C. 个子高高的 ________

2. A. 而且性格也特别好

B. 对学生很热情

C. 李老师不但长得很漂亮 ________

3. A. 他对学生非常有耐心

B. 要是学生有什么不懂的问题

C. 他就会给学生讲很多遍 ________

4. A. 她就会批评我们
B. 如果我们迟到或者不写作业
C. 李老师对我们很严格 ________

5. A. 李老师批评我们
B. 我们也不怕她
C. 因为她是我们的老师，也是我们的朋友 ________

6. A. 但是他工作很忙
B. 所以还没女朋友
C. 我哥哥性格很好，很帅 ________

7. A. 这就是中国人常说的“可怜天下父母心”
B. 很多父母希望自己的孩子早点结婚
C. 所以帮自己的孩子去找结婚的对象 ________

8. A. 虽然来中国有半年了
B. 都没有去过
C. 但是我连北京 ________

八、请根据句子的意思，用给出的偏旁或部件，写出正确的汉字。Please write the correct Chinese characters with the given Chinese character components according to the sentence.

1. 你手里 ná(　　)着什么？（手）
2. 她的 liǎn(　　)圆圆的，眼睛大大的。（月）
3. 虽然我爸爸对我很严格，但是我一点儿也不 pà(　　)他。（忄）
4. 如果你不认真写作业，老师就会 pī(　　)评你。（扌）
5. Suī(　　)然汉语很难，但是我希望自己能学得很好。（口）
6. 他年 qīng(　　)的时候真帅！（车）
7. 李老师工作十年了，经 yàn(　　)非常丰富。（马）
8. 她笑起来的 yàng(　　)子很漂亮。（木）
9. 妈妈总是 gǔ(　　)励我坚持学习。（士）
10. 非常感谢你的 lí(　　)解和帮助。（王）

九、写一写：介绍一位你的老师或朋友，尽量用上指定的词语或用法。

Writing: Use as many of the following words as you can to write a passage about your teacher or friend.

着　又……又……　个子　性格　*adj.* 的重叠(例如,大大的)

补充生词

感谢　儿子　害羞　忘记　女儿　无聊　困　俩

第七课

Zhuōzi shang fàngzhe yì píng xiānhuā
桌子上放着一瓶鲜花

热身 Warming-Up

Nǐ jiā lí xuéxiào yuǎn bu yuǎn?
1. A：你家离学校远不远？

Dàyuē yǒu wǔ gōnglǐ.
B：大约有五公里。

Gōngyuán piàoliang ma?
2. A：公园漂亮吗？

Gōngyuán li zhòngzhe xǔduō dà shù，jǐngsè hěn piàoliang.
B：公园里种着许多大树，景色很漂亮。

Zuótiān nǐ qù péngyou jiā wánr de zěnmeyàng?
3. A：昨天你去朋友家玩儿得怎么样？

Hěn yúkuài，liáozhe liáozhe jiù wàngjì shíjiān le.
B：很愉快，聊着聊着就忘记时间了。

Qù gōngyuán wánr de rén duō ma?
4. A：去公园玩儿的人多吗？

Fēicháng duō，wúlùn lǎorén háishi háizi dōu xǐhuan nàr.
B：非常多，无论老人还是孩子都喜欢那儿。

Wǒ yì huíjiā jiù kàndao mǎnmǎn yì zhuōzi cài.
5. A：我一回家就看到满满一桌子菜。

Zhēn shì xìngfú a!
B：真是幸福啊！

1. 公里	gōnglǐ	(*nm.*)	kilometer
2. 熟悉	shúxi	(*v.*)	know well; be familiar with
3. 迷路	mílù	(*v.*)	get lost; lose one's way
4. 后来	hòulái	(*n.*)	later; afterwards
5. 准确	zhǔnquè	(*adj.*)	accurate; exact; precise
6. 地址	dìzhǐ	(*n.*)	address
7. 摆	bǎi	(*v.*)	place; put; display
8. 花	huā	(*n.*)	flower
9. 挂	guà	(*v.*)	suspend; hang
10. 幅	fú	(*nm.*)	used for paintings
11. 画	huà	(*n.*)	picture; drawing; painting
12. 阳台	yángtái	(*n.*)	balcony; veranda; gazebo
13. 种	zhòng	(*v.*)	plant
14. 开	kāi	(*v.*)	(to)bloom; to open sth. ; to turn on
15. 火	huǒ	(*n.*)	fire
16. 热情	rèqíng	(*adj.*)	fervent; warm
17. 满	mǎn	(*adj.*)	full
18. 笑话	xiàohua	(*n.*)	joke
19. 心情	xīnqíng	(*n.*)	moon; frame of mind
20. 愉快	yúkuài	(*adj.*)	happy; pleased; joyful
21. 忘记	wàngjì	(*v.*)	forget
22. 幸福	xìngfú	(*adj.*)	happy
		(*n.*)	well-being; happiness; bliss

关键词语
Key Words

熟悉	shúxi	我对那儿很熟悉。‖他一点儿也不熟悉这份工作。
后来	hòulái	后来的事 以前我学英语，后来我学汉语。
满	mǎn	种满/写满/满满 阳台上种满花。‖黑板上写满汉字。‖满满一桌子菜。
开	kāi	开花/开门/开电脑/开车 那朵(duǒ/measure word for flower and cloud)花开了。‖那棵树开着红色的花。

课文（一）
Text I

我晚上去王华家玩儿，他家离学校只有两三公里，可是我对路不熟悉，走着走着就迷路了，后来我给王华发短信，请他告诉我他家的准确地址，我按照他说的地址，很快就找到了他的家。

王华家又大又漂亮，房间里摆着白色的沙发，大大的桌子，桌子上放着一瓶鲜花，墙上挂着一幅很大的中国山水画。他家的阳台上种着很多绿色的植物，有一些植物开着很多火红的小花。

王华的爸爸妈妈对人都很热情，我到的时候，他的妈妈已经准备好了满满一桌子菜，他的爸爸很幽默，爱讲笑话，吃饭的时候，跟他聊天感觉心情很愉快。我们聊着聊着就忘记了时间，他们真是幸福的一家人！

◆根据课文内容，选择正确答案。Choose the right answer according to the text.

1. 从王华的家到学校有多远？（　　）

A. 两公里　　B. 两三公里　　C. 2.3 公里

2. “我”怎么找到他的家？（　　）

A. 自己去　　B. 发短信问他　　C. 他给“我”打电话

3. 关于王华的家，没有提到哪一项？（　　）

A. 阳台　　B. 沙发　　C. 厨房

4. 关于王华的家，哪一项是对的？（　　）

A. 王华的家摆着又大又漂亮的沙发

B. 大大的桌子上放着一瓶花

C. 房间里种着很多红色的小花

5. 谁的性格很幽默？（　　）

A. 王华　　B. 王华的妈妈　　C. 王华的爸爸

新词语 2
New Words

1. 公园	gōngyuán	(*n.*)	park
2. 大约	dàyuē	(*adv.*)	about; approximately
3. 左右	zuǒyòu	(*n.*)	around; about; approximately
4. 郊区	jiāoqū	(*n.*)	suburbs; outskirts
5. 入口	rùkǒu	(*n.*)	entrance; entry
6. 处	chù	(*n.*)	locate
7. 取	qǔ	(*v.*)	take; get
8. 内	nèi	(*adj.*)	inner; inside
		(*adv.*)	within; inside
9. 座	zuò	(*nm.*)	a measure word for bridge, mountain, building, etc.
10. 棵	kē	(*nm.*)	a measure word for plants
11. 伞	sǎn	(*n.*)	umbrella
12. 停	tíng	(*v.*)	stop
13. 鸟	niǎo	(*n.*)	bird

14. 不停	bù tíng	(*adv.*)	constantly
15. 躺	tǎng	(*v.*)	lie down; recline
16. 草	cǎo	(*n.*)	grass
17. 地	dì	(*n.*)	ground
18. 空气	kōngqì	(*n.*)	air
19. 无论	wúlùn	(*conj.*)	no matter what, how, etc.; regardless
20. 湖	hú	(*n.*)	lake
21. 污染	wūrǎn	(*v.*)	contaminate; pollute
		(*n.*)	contamination; pollution
22. 禁止	jìnzhǐ	(*v.*)	forbid; prohibit
23. 牌子	páizi	(*n.*)	brand
24. 提醒	tíxǐng	(*v.*)	remind; warn; call attention to
25. 深	shēn	(*adj.*)	deep
26. 危险	wēixiǎn	(*adj.*)	dangerous; risky
27. 烧烤	shāokǎo	(*n.*)	barbecue
		(*v.*)	barbecue
28. 离开	líkāi	(*v.*)	leave
29. 后悔	hòuhuǐ	(*v.*)	regret; repent

关键词语 Key Words

左右	zuǒyòu	一公里左右/十分钟左右/五个人左右
内	nèi	公园内/室内/国内/年内
无论	wúlùn	无论老人还是孩子，都喜欢去那儿。‖无论明天天气怎么样，我都来上课。‖无论他去不去，我们都参加。
提醒	tíxǐng	妈妈提醒我带雨伞。‖谢谢你提醒我明天有考试。
禁止	jìnzhǐ	禁止游泳！‖禁止停车！‖禁止拍照！

课文（二）
Text Ⅱ

森林公园离学校大约有十公里，在郊区。如果你想去的话，记得在公园入口处，取一张公园的地图，因为公园里非常大，湖光山色，风景美丽，公园内有17座山林，种着许多大树，一棵棵大树就像一把把大雨伞，树上停着很多小鸟，它们不停地在歌唱，树下坐着一些人，有的人看着书，有的人躺在草地上休息，还有的人跟孩子愉快地玩游戏。因为公园里空气特别好，无论老人还是孩子，都喜欢去那里玩。公园里还有一座猴山，很多孩子给猴子吃香蕉或者饼干。

公园里还有一个很漂亮的湖，湖水非常干净，没有污染，但是旁边挂着“禁止游泳”的牌子，提醒人们不要下水游泳。因为湖水很深，水里还有水草，所以游泳比较危险。湖边还可以烧烤，周末的时候，很多人开着车来这儿，一到这儿就不想离开。

去了森林公园，你一定不会后悔。

◆根据课文内容，选择正确答案。Choose the right answer according to the text.

1. 森林公园离学校多远？（　　）
   A. 十公里　　B. 十多公里　　C. 十公里左右
2. “湖光山色”是什么意思？（　　）
   A. 有湖有山，风景很美　　B. 山有颜色　　C. 湖的风景很美
3. 去森林公园可以做什么？（　　）
   A. 喂鸟　　B. 坐船　　C. 烧烤
4. “禁止游泳”的意思是什么？（　　）
   A. 不能游泳　　B. 可以游泳　　C. 有时候可以游泳
5. 为什么公园里禁止游泳？（　　）
   A. 湖水污染了　　B. 湖水很深，比较危险
   C. 去公园只能看风景
6. 为什么很多人喜欢去森林公园玩？（　　）
   A. 公园里有山有水有树，空气很好
   B. 公园里可以跑步、游泳
   C. 公园有很多好玩儿的，而且门票很便宜

练习
Reading Practice

一、认读练习。Word recognition.

(一)认读词语,与正确的拼音连线。Read, learn and match.

1. 雨伞　　zhǔnquè
2. 污染　　yúkuài
3. 危险　　hòuhuǐ
4. 禁止　　shúxi
5. 后悔　　wēixiǎn
6. 熟悉　　wūrǎn
7. 准确　　jìnzhǐ
8. 愉快　　yúsǎn

(二)看图片,选择合适的词语。Look at the pictures and choose the right word for each one.

A

B

C

D

E

1. 躺(　　)　　2. 雨伞(　　)　　3. 禁止(　　)
4. 笑话(　　)　　5. 满(　　)

(三)选择合适的词语填空。Choose the right word for each blank.

A. 后来　B. 空气　C. 提醒　D. 地址　E. 愉快　F. 心情

1. 今天他的心情非常 yúkuài(　　)。
2. 这儿以前是郊区，hòulái(　　)发展(fāzhǎn/develop)得很好。
3. 老师 tíxǐng(　　)我们不要迟到。
4. 请告诉我你的 dìzhǐ(　　)是哪里。
5. 快要毕业(bìyè/graduate)了，xīnqíng(　　)怎么样?
6. 这个城市的 kōngqì(　　)不太好。

二、选词填空。Fill in the blanks.

A. 大约　B. 取　C. 入口　D. 许多　E. 鸟

1. 那棵树上停着一只小(　　)。
2. 对不起，先生(xiānsheng/sir)，这儿是超市的(　　)，出口在那儿。
3. 在银行用存折(cúnzhé/passbook)取钱的时候，先(　　)一个号，按照顺序(shùnxù/order)取钱。
4. 公园里种着(　　)大树。
5. 今年来的新学生(　　)有一千(qiān/thousand)人左右。

A. 草　B. 无论　C. 棵　D. 污染　E. 危险

1. 太晚了，一个人出去太(　　)了。
2. (　　)明天天气怎么样，我们都去公园玩儿。
3. 春天来了，(　　)绿了，花开了。
4. 空气(　　)越来越严重了。
5. 那(　　)大树下坐着一个人。

A. 得　B. 的　C. 地　D. 着　E. 了

1. 他在沙发上躺(　　)看电视呢。
2. 我看(　　)电视，就是教人这么做运动的。
3. 他们幸福(　　)生活在一起。
4. 我们聊(　　)很愉快。
5. 他讲(　　)笑话非常有意思。

三、选择词语在句子中的正确位置。Put the word in the right position.

(　　)1. A 森林公园 B 离这儿 C 有 D 三十公里。(大约)

(　　)2. 大树上 A 停 B 很多 C 小鸟 D。(着)

(　　)3. 有的人 A 躺 B 草地上 C 休息 D。(在)

(　　)4. 无论 A 咖啡 B 茶 C,我们 D 都很喜欢。(还是)

(　　)5. 我 A 他 B 说的走,C 很快就 D 找到了他的家。(按照)

(　　)6. 他们家 A 房间里 B 摆 C 白色的沙发 D、桌子和椅子。(着)

(　　)7. A 他 B 讲笑话,C 我们 D 就笑了。(一)

(　　)8. A 她 B 想着 C 想着 D 哭了。(就)

四、请用下列句子完成会话。Use the following sentences to complete the dialogue.

A. 森林公园远吗?

B. 非常多,无论是老人还是孩子,都喜欢去那儿玩。

C. 湖里可以游泳吗?

D. 昨天的电视节目怎么样?

E. 他在种花。

F. 中国银行离学校远吗?

1. A:________________________________

B:离学校大约两三公里。

2. A:你来上课的时候,他在做什么?

B:________________________________

3. A:________________________________

B:很危险,这儿写着“禁止游泳”。

4. A:去那儿玩的人多吗?

B:________________________________

5. A:________________________________

B:不怎么样,我看着看着就睡着了。

6. A：________________

B：不太远，离学校大约有三公里。

五、连词成句。 Make sentences with the following words.

1. 种　着　公园里　许多大树

____

2. 有　一个　湖　那个公园里　很漂亮的

____

3. 放着　桌子上　鲜花　一瓶

____

4. 挂着　墙　一幅　上　画

____

5. 种满　阳台上　植物　绿色的　了

____

6. 对人　他们　热情　非常

____

7. 离学校　那儿　三公里　大约有

____

8. 不停地　他　笑话　讲

____

六、看图，用指定的词语写句子。 Look at the pictures and make sentences with the given words.

1.  禁止________________

2. 地址________________

3.  提醒________________

4.  躺________________

5.  挂________________

七、排列句子的顺序。Put the sentences in the right order.

例如：A. 我去办公室找李老师

B. 她在家

C. 但是她不在办公室 → ACB

1. A. 我给他发短信

B. 让他告诉我准确的地址

C. 我很快就找到了那个地方 ________

2. A. 房间里摆着白色的沙发

B. 他的家又大又漂亮

C. 沙发上放着一些杂志 ________

3. A. 种着很多绿色植物

B. 他家的阳台上

C. 还有一些开着红红的小花 ________

4. A. 很爱讲笑话
B. 跟他聊天儿感觉心情很愉快
C. 他是一个很幽默的人 ________
5. A. 如果你想去森林公园的话
B. 取一张公园的地图
C. 记得在公园入口处 ________
6. A. 树上停着很多小鸟
B. 它们不停地在歌唱
C. 公园里种着很多大树 ________
7. A. 所以无论老人还是孩子
B. 因为公园里空气特别好
C. 都喜欢去那儿玩 ________
8. A. 提醒人们不要下水游泳
B. 湖的旁边挂着
C. “禁止游泳”的牌子 ________

八、请根据句子的意思，用给出的偏旁或部件，写出正确的汉字。 Please write the correct Chinese characters with the given Chinese character components according to the sentence.

1. 他告诉了我他们家的准 què（　　）地址。（石）
2. 孩子们在 cǎo（　　）地上做游戏。（艹）
3. 湖水很 shēn（　　），游泳太危险了。（氵）
4. 我按 zhào（　　）他说的地址，很快就找到了地方。（灬）
5. 今天他心 qíng（　　）很愉快。（忄）
6. 他们是幸 fú（　　）的一家人！（田）
7. 我家离学校大 yuē（　　）有五公里。（纟）
8. 我喜欢 tǎng（　　）在沙发上看电视。（身）
9. 我 tí（　　）醒他别忘了明天的课。（扌）
10. 他后 huǐ（　　）没有和朋友一起去旅行。（忄）

九、写一写：介绍一下你的房间里都有什么，怎么布置的。尽量用上指定的词语或结构。Writing: Use as many of the following words and sentence structure as you can to write a passage about what is in your room and how to decorate it.

地方＋V.着＋人/东西　　地方＋V.满＋人/东西

补充生词

山水画　火红　湖光山色　水草　朵　发展　站　先生　存折　顺序　千

第八课

Tā mǎi huílái le hěn duō dōngxi

他 买 回来 了 很 多 东西

热身 Warming-Up

Nǐ qù chāoshì le ma?
1. A：你 去 超市 了 吗？
Shì de, wǒ shì hé Shānběn yìqǐ qù de.
B：是 的，我 是 和 山本 一起 去 的。

Jīntiān chāoshì zuò huódòng ma?
2. A：今天 超市 做 活动 吗？
Chāoshì li hěn duō shípǐn dōu zài dǎzhé.
B：超市 里 很 多 食品 都 在 打折。

Ní mǎi shénme le?
3. A：你 买 什么 了？
Wó mǎi huílái le yìxiē píngguǒ hé xiāngjiāo.
B：我 买 回来 了 一些 苹果 和 香蕉。

Wǒ cónglái méi chīguo kǎoyā.
4. A：我 从来 没 吃过 烤鸭。
Hěn xiāng, wǒ de kóushuǐ dōu kuài liú chūlái le.
B：很 香，我 的 口水 都 快 流 出来 了。

Wǒ yào jiǎnféi.
5. A：我 要 减肥。
Zhēn shòubùliǎo le, nǐ yìdiǎnr yě bú pàng.
B：真 受不了 了，你 一点儿 也 不 胖。

新词语 1
New Words

1. 提	tí	(*v.*)	tote
2. 过来	guòlái	(*v.*)	come here
过去	guòqù	(*v.*)	go over
回来	huílái	(*v.*)	come back
回去	huíqù	(*v.*)	go back
进来	jìnlái	(*v.*)	come in
3. 于是	yúshì	(*adv.*)	hence; thereupon
4. 原来	yuánlái	(*adj.*)	primary
5. 活动	huódòng	(*n.*)	activity
6. 食品	shípǐn	(*n.*)	food
7. 比如	bǐrú	(*v.*)	take sth. for example
8. 烤鸭	kǎoyā	(*n.*)	roast duck
9. 矿泉水	kuàngquánshuǐ	(*n.*)	mineral water
10. 牙膏	yágāo	(*n.*)	toothpaste
11. 等	děng	(*sa.*)	and so on; et cetera
12. 轻	qīng	(*adj.*)	light
13. 另外	lìngwài	(*pron.*)	in addition
14. 重	zhòng	(*adj.*)	heavy
15. 邻居	línjū	(*n.*)	neighbor
16. 顺便	shùnbiàn	(*adv.*)	conveniently; without extra effort
17. 宿舍	sùshè	(*n.*)	dormitory

18. 感谢	gǎnxiè	(*v.*)	thank
19. 日记	rìjì	(*n.*)	diary
20. 尝	cháng	(*v.*)	taste
21. 推	tuī	(*v./n.*)	push; shove
22. 闻	wén	(*v.*)	smell
23. 香	xiāng	(*adj.*)	delicious
24. 口水	kóushuǐ	(*n.*)	saliva; slobber
25. 流	liú	(*v.*)	flow
26. 可惜	kěxī	(*adj.*)	regrettable; unfortunate
27. 减肥	jiǎnféi	(*v.*)	lose weight
28. 倒	dào	(*v.*)	pour out
29. 让	ràng	(*v.*)	let
30. 饱	bǎo	(*adj.*)	not hungry; full

关键词语 Key Words

过来	guòlái	走过来/跑过来 从街道(jiēdào/street)那边跑过来。
活动	huódòng	超市在做活动/参加体育活动/活动一下儿手和脚
等	děng	我去过北京、上海等城市。‖我买了很多打折的东西,比如矿泉水、牙膏,等等。
顺便	shùnbiàn	他去超市买东西,顺便帮我买日记本。
带	dài	带回来/带着孩子

他从北京带回来一些东西。‖他从北京带回一些东西来。

可惜　kěxī　这是个好机会，可惜我没有时间。

课文（一）Text Ⅰ

马丽在路上看到大山提着很多东西走过来，于是跑过去帮助他。原来今天大山去逛超市了，超市今天做活动，很多食品都在打折，他今天买回来了很多东西，比如烤鸭、苹果、香蕉、矿泉水、牙膏等。东西放在两个袋子里，一个比较轻，另外一个重一些，马丽是大山的邻居，正好顺便帮他带回宿舍去。

为了感谢马丽的帮助，大山邀请她晚上一起吃烤鸭。大山给马丽打电话的时候，她在写日记。大山请她下楼来尝一尝做好的烤鸭。

马丽和大山吃烤鸭的时候，山本推开门走进来，大山请他坐下来一起吃，山本说他从来没吃过烤鸭，一闻到烤鸭香香的味道，他的口水都快流出来了。可惜马丽在减肥，吃了几口她就去倒水喝了，山本让她多吃点儿，吃饱了才有力气减肥啊！

◆根据课文内容，选择正确答案。Choose the right answer according to the text.

1. 大山今天去超市没有买（　　）。

A. 烤鸭　　B. 苹果　　C. 香蕉　　D. 袋子

2. 为了感谢马丽的帮助，大山邀请她（　　）。

A. 去超市　　B. 逛街　　C. 吃烤鸭　　D. 做烤鸭

3. 大山怎么邀请马丽？（　　）

A. 发短信　　B. 写日记　　C. 打电话　　D. 发电子邮件

4. 下面哪句话不对？（　　）

A. 山本从来没吃过烤鸭　　B. 烤鸭很香

C. 马丽没有吃烤鸭　　D. 山本很喜欢烤鸭的味道

5. 马丽因为（　　），所以吃得不多。

A. 吃饱了　　B. 在减肥　　C. 不喜欢吃　　D. 受不了

新词语 2 New Words

1. 稍微	shāowēi	(*adv.*)	a little
2. 受不了	shòubùliǎo		can't bear; can't stand
3. 自己	zìjǐ	(*pron.*)	myself
4. 拒绝	jùjué	(*v.*)	refuse
5. 任何	rènhé	(*pron.*)	any
6. 影响	yíngxiǎng	(*n.*)	effect
		(*v.*)	affect
7. 顿	dùn	(*n.*)	stop; pause
8. 再说	zàishuō	(*adv.*)	moreover; what's more
9. 风景	fēngjǐng	(*n.*)	view
10. 值得	zhídé	(*v.*)	deserve; be worth; be worthy of
11. 成功	chénggōng	(*n.*)	success
		(*v.*)	succeed

关键词语 Key Words

稍微	shāowēi	今天稍微有点儿冷。‖稍微放一点糖(táng/sugar)就更好吃了。
受不了	shòubùliǎo	他累得受不了了。‖这儿太吵(chǎo/noisy)了,我快受不了了。
任何	rènhé	任何人/任何地方
再说	zàishuō	骑自行车可以锻炼身体,再说还可以看看景

色。‖这件事以后再说吧。

值得　zhídé　值得看/值得研究
这东西买得很值得。‖东西好，价钱便宜，值得买。

课文（二）
Text Ⅱ

很多年轻的女孩都喜欢减肥，稍微有一点儿胖，就受不了，担心自己的体重太重，一定要减肥。怎么减肥最有效果？每个人都有自己的答案。有的人拒绝吃任何食品，比如包子、米饭等。这种方法不一定会变瘦，但是会影响身体健康。少吃、多运动是很多人会选择的方法。

少吃就是每顿饭吃七八分饱，不要吃太饱了。吃完饭出去散散步或者跑跑步，汗流出来，体重也会轻一点儿。周末去爬爬山，从山下爬上去，可以减肥，又可以锻炼身体，再说还可以看看美丽的风景，值得一试。

无论什么方法，都要坚持，如果"三天打鱼，两天晒网"，一定不能获得成功。

◆根据课文内容，选择正确答案。Choose the right answer according to the text.

1. 作者觉得哪种减肥方法比较好？（　　）
   A. 不吃饭　　B. 多运动
   C. 吃得少　　D. 少吃、多运动
2. "少吃"的意思是（　　）。
   A. 不吃饭　　B. 只吃米饭
   C. 吃七八分饱　　D. 每天吃一顿
3. 课文中提到的运动方法是（　　）。
   A. 爬山　　B. 打球
   C. 游泳　　D. 骑自行车
4. "三天打鱼，两天晒网"是什么意思？（　　）
   A. 喜欢打鱼　　B. 喜欢晒网
   C. 喜欢运动　　D. 不能坚持

练习
Reading Practice

一、认读练习。Word recognition.

(一)认读词语，与正确的拼音连线。Read, learn and match.

1. 牙膏　　　　jiǎnféi
2. 活动　　　　dānxīn
3. 邻居　　　　gǎnxiè
4. 感谢　　　　duǎnxìn
5. 担心　　　　huódòng
6. 短信　　　　línjū
7. 减肥　　　　yágāo

(二)看图片，选择合适的词语。Look at the pictures and choose the right word for each one.

A

B

C

D

E

1. 逛街(　　)　　2. 散步(　　)　　3. 香(　　)
4. 日记(　　)　　5. 包子(　　)

(三)选择合适的词语填空。Choose the right word for each blank.

A. 提　B. 重　C. 比如　D. 可惜　E. 尝　F. 流

1. 她买了很多日用品，bǐrú(　　)雨伞、杯子等。

2. 这么多东西你可以 tí(　　)吗？

3. 这个袋子很 zhòng(　　)，那个轻一点儿。

4. 这是我做的菜，请你 cháng(　　)一下吧。

5. 妈妈做的晚饭很香，我的口水都快 liú(　　)出来了。

6. 那件衣服很漂亮，kěxī(　　)我没有那么多钱。

二、选词填空。Fill in the blanks.

A. 过去　　B. 出来　　C. 回来　　D. 下来　　E. 上去

1. 你在那边等我，我马上(　　)。

2. 他的家在十楼，我从三楼跑(　　)找他。

3. 我妈妈出去了，她没有说什么时候(　　)。

4. 我看见他从图书馆走(　　)了。

5. 大山让山本坐(　　)一起吃烤鸭。

A. 另外　　B. 比如　　C. 从来　　D. 受不了　　E. 等

1. 天气太热了，我(　　)了。

2. 他(　　)不喝酒。

3. 他去过北京，(　　)还去过上海。

4. 她觉得汉语很有意思，(　　)"好容易"和"好不容易"意思一样。

5. 有的人为了减肥，拒绝吃任何食品，比如包子、米饭(　　)。

A. 轻　　B. 活动　　C. 问题　　D. 邻居　　E. 感谢

1. 非常(　　)你对我的帮助。

2. 这个箱子很(　　)，里面是一些衣服。

3. 我住 601，他住我对面(duìmiàn/opposite)602，我们是(　　)。

4. 对于(duìyú/to)这个(　　)，每个人都有自己的答案。

5. 今天超市做(　　)，很多东西都在打折。

A. 日记　　B. 推　　C. 减肥　　D. 饱　　E. 倒

1. 给我(　　)杯水吧，太渴(kě/thirsty)了。

2. 她每天都会写(　　)。

3. 最近她在(　　),她觉得自己太胖了。

4. 他(　　)开门走进来。

5. 我吃(　　)了,不能再吃了。

三、选择词语在句子中的正确位置。Put the word in the right position.

(　　)1. 大山提 A 着 B 很多东西 C 走 D。(过来)

(　　)2. 他们今天买回来了很多东西 A,比如 B 烤鸭 C、苹果、香蕉 D。(等)

(　　)3. 东西放在两个袋子里 A,B 一个比较轻,C 一个 D 重一些。(另外)

(　　)4. 马丽是山本的邻居 A,正好可以 B 一起走回 C 去 D。(宿舍)

(　　)5. A 感谢 B 马丽的帮助,C 大山邀请她一起 D 吃烤鸭。(为了)

(　　)6. A 山本 B 没有 C 吃过烤鸭,D 今天第一次吃。(从来)

(　　)7. 食堂里有很多吃的 A,B 包子、C 米饭 D 等。(比如)

(　　)8. 爬山 A 可以减肥,B 还可以 C 看看美丽的 D 风景。(再说)

四、请用下列句子完成会话。Use the following sentences to complete the dialogue.

A. 你去超市了吗?
B. 今天超市做活动吗?
C. 你买什么了?
D. 真受不了了,你一点儿也不胖。
E. 烤鸭很香,我的口水都快流出来了。
F. 她出去散步了,还没有回来呢。

1. A:______________________________

B:我买回来了一些食品,另外还买了一些日用品。

2. A:马丽在房间吗?

B:______________________________

3. A:______________________________

B:是的,我是和山本一起去的。

4. A: ________________________________

B: 今天超市里很多食品都在打折，比如水果打九折。

5. A: 我要减肥。

B: ________________________________

6. A: 我从来没吃过烤鸭。

B: ________________________________

五、连词成句。 Make sentences with the following words.

1. 买回来　他　了　苹果　一斤

____

2. 怎么　你　提着　东西　这么多

____

3. 非常　你的　感谢　帮助

____

4. 出去　他们　散步　了

____

5. 从来　吃过　我　这种包子　没有

____

6. 他　门　走进来　推开

____

7. 超市里的　都　很多食品　在打折

____

8. 很　她　自己的　担心　体重

____

9. 受不了　累　他　得　了

____

10. 邻居家的　喜欢　散步　阿姨

____

六、看图，用指定的词语写句子。Look at the pictures and make sentences with the given words.

1. 重 ______________________

2. 尝 ______________________

3. 日记 ______________________

4. 香 ______________________

5. 受不了 ______________________

七、排列句子的顺序。Put the sentences in the right order.

例如：A. 我去办公室找李老师
B. 她在家
C. 但是她不在办公室 → ACB

1. A. 于是跑过去帮忙
B. 提着很多东西走过来
C. 马丽在路上看到大山 ______

2. A. 超市今天做活动
B. 很多食品都在打折
C. 大山和山本一起逛超市了 ________

3. A. 比如烤鸭、苹果等
B. 他们今天买回来很多东西
C. 又好吃又便宜 ________

4. A. 东西放在两个塑料袋里
B. 一个比较轻
C. 另外一个重一点儿 ________

5. A. 马丽吃烤鸭的时候
B. 山本推开门走进来
C. 马丽请他一起来吃 ________

6. A. 可惜马丽在减肥
B. 烤鸭很好吃
C. 所以她只吃了一点儿 ________

7. A. 这个问题
B. 每个人都有自己的答案
C. 怎么减肥最有效 ________

8. A. 多运动,比如爬山、跑步等
B. 少吃是每顿饭吃七八分饱
C. 少吃、多运动是很多人选择的减肥方法 ________

八、请根据句子的意思,用给出的偏旁或部件,写出正确的汉字。Please write the correct Chinese characters with the given Chinese character components according to the sentence.

1. 你手里 tí(　　)着什么?(扌)
2. 这个塑料袋里东西不多,所以不 zhòng(　　),很轻。(千)
3. 她去超市了,东西我帮她 dài(　　)回来了。(巾)
4. 她买了西瓜、苹果 děng(　　)水果。(⺮)
5. 服务员给我 dào(　　)了一杯水。(亻)
6. 超市里很多 shí(　　)品在打折。(人)

7. Lín(　　)居家的小弟弟害怕打针。(令)

8. 他太胖了，需要 jiǎn(　　)肥。(冫)

9. 作业太多，他 shòu(　　)不了。(又)

10. 非常 gǎn(　　)谢你来参加我的生日晚会。(心)

九、写一写：介绍一下你对减肥的看法，尽量用上指定的词语。 Writing: Use as many of the following words as you can to write a passage about your epinion on weight loss.

另外　比如　从来　受不了

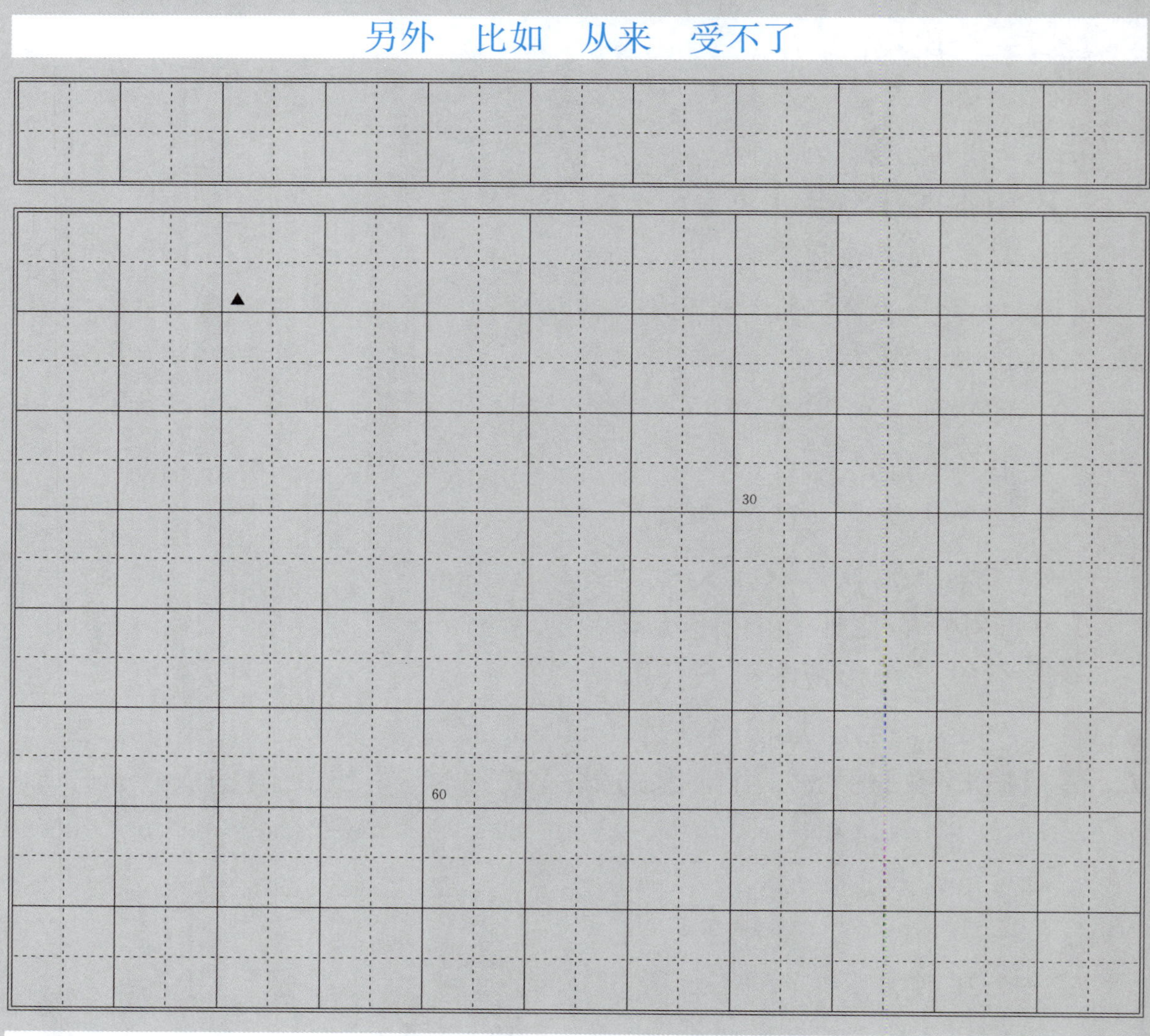

补充生词

街道　糖　吵　对面　对于　渴

第九课

Tā bú shì yí gè rén qù de

他不是一个人去的

热身 Warming-Up

Nǐ shì shénme shíhou lái Zhōngguó de?
1. A：你 是 什么 时候 来 中国 的？

Wǒ shì qùnián jiǔyuè lái de.
B：我 是 去年 九月 来 的。

Nǐ shì yí gè rén lái de ma？
2. A：你 是 一 个 人 来 的 吗？

Bú shì, wǒ shì gēn péngyou yìqǐ lái de.
B：不 是，我 是 跟 朋友 一起 来 的。

Nàge dìfang hǎowánr ma?
3. A：那个 地方 好玩儿 吗？

Hǎowánr shì hǎowánr, dànshì rén tài duō le.
B：好玩儿 是 好玩儿，但是 人 太 多 了。

Nǐ měi tiān lái de kě zhēn zǎo!
4. A：你 每 天 来 得 可 真 早！

Wèile bù chídào, wǒ hěn zǎo jiù qǐchuáng le.
B：为了 不 迟到，我 很 早 就 起床 了。

Nǐ zěnme lái xuéxiào de?
5. A：你 怎么 来 学校 的？

Wǒ zuò dìtiě lái de, bǐ zuò chūzūchē piányi duō le.
B：我 坐 地铁 来 的，比 坐 出租车 便宜 多 了。

新词语 1
New Words

1. 经历	jīnglì	(*v.*)	experience; undergo; go through
		(*n.*)	experience
2. 刚刚	gānggāng	(*adv.*)	a moment ago; just now
3. 旅游	lǚyóu	(*v.*)	travel
4. 本来	běnlái	(*adv.*)	originally
5. 火车站	huǒchē zhàn	(*n.*)	train station
6. 汽车	qìchē	(*n.*)	bus
7. 机场	jīchǎng	(*n.*)	airport
8. 到处	dàochù	(*adv.*)	everywhere
9. 票	piào	(*n.*)	ticket
10. 只好	zhíhǎo	(*adv.*)	have to; be obliged to; cannot… but…
11. 乘坐	chéngzuò	(*v.*)	take a ride (in a car, ship, place, etc.)
12. 极	jí	(*adv.*)	extremely; exceedingly
13. 久	jiǔ	(*adj.*)	for a long time
14. 辛苦	xīnkǔ	(*adj.*)	hard; toilsome; painstaking
15. 期间	qījiān	(*n.*)	period
16. 骑	qí	(*v.*)	to ride
17. 自行车	zìxíngchē	(*n.*)	bicycle
18. 地铁	dìtiě	(*n.*)	subway
19. 挤	jǐ	(*v.*)	squeeze; shove; hustle
		(*adj.*)	crowdwd; congested

20. 速度	sùdù	(*n.*)	speed
21. 保证	bǎozhèng	(*v.*)	guarantee; ensure; promise
		(*n.*)	guarantee; promise
22. 堵车	dǔchē	(*v.*)	traffic jam
23. 机会	jīhuì	(*n.*)	chance

关键词语 Key Words

刚刚	gānggāng	刚刚开学/刚刚来中国/刚刚走
到处	dàochù	到处有很多自行车。
只好	zhíhǎo	我等了半天他还没回来，我只好先走了。
极了	jí le	好玩儿极了/有意思极了/辛苦极了
能	néng	他会开车，喝酒以后不能开车。‖你能不能跟我一起去旅游？
保证	bǎozhèng	保证时间 我保证不迟到。

课文（一） Text I

今天李老师请大家谈谈寒假的经历。大山是昨天刚从海南回来的，他是去旅游的。大山不是一个人去的，是跟他的朋友一起去的。大山和朋友坐火车去的，回来的时候，本来也想坐火车，因为过春节，火车站、汽车站、机场到处都是急着回家的中国人，所以他们没有买到火车票，只好乘坐飞机回来。虽然坐飞机比坐火车快，但是机场比火车站远得多，所以他们觉得坐飞机不太方便。大山告诉马丽海南好玩儿极了，可以乘船出海玩儿。不过，好玩儿是好玩儿，玩儿久了，还是觉得很辛苦。

寒假期间马丽没有出门旅行，她经常去朋友家玩儿，她朋友住的地方离学校有点儿远，为了跟朋友见面，她一般骑自行车去，但是最近天气太冷，她选择坐地铁去朋友那儿。坐地铁挤是挤，但是速度很快，能保证时间，也不会堵车。马丽说有机会她也想去一趟海南。

◆根据课文内容，选择正确答案。Choose the right answer according to the text.

1. 大山寒假去哪儿了？（　　）
   A. 海南　　B. 北京　　C. 上海
2. 大山怎么去旅行的？（　　）
   A. 坐飞机　　B. 坐火车　　C. 骑自行车
3. 大山回来的时候为什么不坐火车？（　　）
   A. 他想坐飞机　　B. 买不到火车票　　C. 火车票太贵
4. 马丽寒假怎么过的？（　　）
   A. 跟大山一起去旅行
   B. 每天在学校学习
   C. 有时候去朋友那儿玩儿
5. 马丽最近为什么不骑自行车了？（　　）
   A. 天气太冷　　B. 地铁很挤　　C. 有时候会堵车

新词语 2 New Words

1. 随着	suízhe	(*prep.*)	along with; in the wake of; in pace with
2. 交通	jiāotōng	(*n.*)	traffic
3. 拥挤	yōngjǐ	(*adj.*)	crowdwd; congested
4. 管理	guánlǐ	(*v.*)	manage; supervise; administrate
5. 者	zhě	(*n.*)	-er/or
6. 发展	fāzhǎn	(*v.*)	develop; expand; go along
7. 公共汽车	gōnggòng qìchē	(*n.*)	bus; autobus

8. 减少	jiánshǎo	(*v.*)	reduce; decrease; cut down
9. 环境	huánjìng	(*n.*)	environment; condition; circumstance
10. 根据	gēnjù	(*v.*)	according to; reason
11. 日期	rìqī	(*n.*)	date
12. 允许	yúnxǔ	(*v.*)	allow; permit
13. 工具	gōngjù	(*n.*)	tool
14. 保护	bǎohù	(*v.*)	protect
15. 遇到	yùdào	(*v.*)	meet
16. 打的	dǎdī	(*v.*)	take a taxi
17. 司机	sījī	(*n.*)	driver
18. 最好	zuìhǎo	(*adv.*)	had better; would be best
19. 实在	shízài	(*adv.*)	indeed; really

关键词语
Key Words

随着	suízhe	随着生活水平的提高，买车的人越来越多。‖人的心情随着天气变化。
根据	gēnjù	根据天气预报，今天有大雨。‖说话要有根据。
者	zhě	管理者/读者/老者 前者/后者/两者
最好	zuìhǎo	你最好早点儿去机场。‖为了不堵车，你最好坐地铁去。
实在	shízài	我实在不清楚这件事。‖他是一个很实在的人。

课文（二）
Text Ⅱ

随着人们生活水平的提高，买车的人越来越多，城市的交通也越来越拥挤，特别是上下班的时间，常常堵车。城市管理者也想了很多办法发展公共交通，减少环境污染。比如根据日期不允许一些车出门。但是出门的时候选择哪种交通工具更好呢？

骑自行车可以锻炼身体，又可以保护环境，但是遇到刮风下雨的天气，骑车太辛苦了。打的很方便，但是有时候等了半天也打不到车，有时候司机还不想去容易堵车的地方。为了少花点钱，最好坐公共汽车。坐公共汽车很方便，每个城市都有很多公共汽车，车多是多，但是坐车的人实在太多了，如果遇到堵车，上学或者上班就会迟到。所以很多城市选择发展地铁，坐地铁比坐公共汽车或骑自行车都快得多，也比坐出租车便宜得多，还可以保证时间。

今天你选择什么交通工具出门？

◆根据课文内容，选择正确答案。Choose the right answer according to the text.

1. 关于骑自行车，我们可以知道（　　）。
   A. 太累了
   B. 受天气限制（xiànzhì/restrict）
   C. 让城市越来越拥挤
2. （　　）遇到堵车就会迟到。
   A. 骑自行车　　B. 坐地铁　　C. 坐公共汽车
3. 堵车的时候，（　　）比坐出租车快得多。
   A. 坐地铁　　B. 骑自行车　　C. 坐公共汽车
4. 城市交通应该怎么发展？（　　）
   A. 增加自行车
   B. 鼓励人们多买汽车
   C. 发展地铁

练习
Reading Practice

一、认读练习。Word recognition.

(一)认读词语,与正确的拼音连线。Read, learn and match.

1. 机场	xīnkǔ
2. 速度	jiāotōng
3. 乘坐	jīhuì
4. 机会	sùdù
5. 交通	chéngzuò
6. 辛苦	bǎozhèng
7. 保证	jīchǎng

(二)看图片,选择合适的词语。Look at the pictures and choose the right word for each one.

A

B

C

D

E

1. 机场(　　)　2. 自行车(　　)　3. 司机(　　)

4. 地铁(　　)　5. 火车票(　　)

(三)选择合适的词语填空。Choose the right word for each blank.

A. 发展　B. 到处　C. 火车站　D. 速度　E. 交通　F. 慢

1. 明天我要去 huǒchē zhàn(　　)接朋友。

2. 春节的时候，dàochù(　　)都是人。

3. 北京这几年 fāzhǎn(　　)得很快。

4. 飞机的 sùdù(　　)比火车快得多。

5. 骑自行车比坐公共汽车 màn(　　)。

6. 现在城市 jiāotōng(　　)越来越方便。

二、选词填空。Fill in the blanks.

A. 刚刚　B. 本来　C. 到处　D. 极　E. 机会

1. 来中国留学是很好的(　　)，所以一定要好好学习。

2. 我(　　)想去吃饺子，后来还是去吃了米饭。

3. 你找李老师，她(　　)走。

4. 春天来了，(　　)都是花。

5. 跟他聊天儿，有意思(　　)了。

A. 遇到　B. 根据　C. 花　D. 为了　E. 堵车

1. 上下班的时候，常常(　　)。

2. 请你(　　)听到的句子回答问题。

3. (　　)练习太极拳(tàijíquán/Tai chi chuan)，他每天很早起床。

4. 你买这件衣服(　　)了多少钱？

5. 我昨天在火车站(　　)了以前的同学。

A. 司机　B. 实在　C. 最好　D. 保证　E. 辛苦

1. 他爸爸是一名(　　)，经常开车去很远的地方。

2. 今天有雨，你(　　)带雨伞。

3. 老师，我(　　)以后不迟到，好好写作业。

4. 有了孩子以后，她才知道做妈妈真(　　)。

5. 地铁(　　)太方便了，不用担心堵车。

A. 经历　B. 能　C. 票　D. 随着　E. 打的

1. 我们明天一起(　　)去银行吧。

2. 请你说说你的工作（　　）。

3. 喝酒以后不（　　）开车。

4. 人的心情会（　　）天气变化，天气好，心情就好。

5. 身高有 1.2 米的孩子，看电影或者坐车要买（　　）。

三、选择词语在句子中的正确位置。Put the word in the right position.

（　　）1. 我 A 是来 B 学习 C 汉语 D。（的）

（　　）2. 他不 A 一个人 B 来的，是跟朋友 C 一起 D 来的。（是）

（　　）3. A 谁 B 说的 C？D 我怎么不知道？（是）

（　　）4. 火车站 A、飞机场 B 都是 C 想回家的 D 人。（到处）

（　　）5. 坐地铁 A 比坐 B 公共汽车 C 快 D。（得多）

（　　）6. A 人们生活水平的提高，B 买车的人 C 越来越 D 多。（随着）

（　　）7. 坐 A 出租车快 B 快，但是比 C 坐公共汽车 D 贵多了。（是）

（　　）8. A 不迟到，B 我 C 坐出租车 D 来学校。（为了）

四、请用下列句子完成会话。Use the following sentences to complete the dialogue.

A. 好久不见

B. 你去什么地方旅行了？

C. 你一般怎么来学校？

D. 我是坐飞机来中国的。

E. 不是，我是跟朋友一起来的。

F. 今天堵车堵得很严重，我请司机开快点儿，但是车实在太多了。

1. A：你是怎么来中国的？

   B：________________________

2. A：你今天为什么迟到了？

   B：________________________

3. A：________________________

   B：我上个星期去北京了。

4. A：________________________

   B：我一般骑自行车来学校。

5. A：________________________________，你最近怎么样？

B：我很好。

6. A：你是一个人来的吗？

B：________________________________

五、连词成句。Make sentences with the following words.

1. 请大家　谈谈　经历　寒假的

____

2. 是跟　他　好朋友　的　一起去

____

3. 回家的　到处　人　都是

____

4. 比飞机票　便宜　火车票　多了

____

5. 他的孙子(sūnzi/grandson)　去年秋天　是　出生(chūshēng/born)　的

____

6. 堵车　堵得　今天　特别严重

____

7. 司机　请　我　开快点儿

____

8. 能　坐地铁　时间　保证

____

9. 一个人　你是　吗　去的

____

10. 坐出租车　来学校　我　是　的

____

六、看图，用指定的词语写句子。Look at the pictures and make sentences with the given words.

1. 

地铁____

2. 骑________________

3. 堵车________________

4. 坐________________

5. 慢________________

七、排列句子的顺序。Put the sentences in the right order.

例如：A. 我去办公室找李老师
B. 她在家
C. 但是她不在办公室 → ACB

1. A. 他本来想坐火车回来
B. 只好坐飞机回来
C. 但是没有买到火车票 ________

2. A. 不过玩儿久了
B. 好玩儿是好玩儿
C. 觉得很辛苦 ________

3. A. 她一般骑自行车去
B. 为了跟朋友见面
C. 朋友的家离学校不太远 ________

4. A. 虽然坐飞机比坐火车快
B. 但是飞机场比火车站远得多
C. 所以很多人选择坐火车 ________

5. A. 马丽说有机会她也想去一趟北京
B. 北京好玩儿极了
C. 大山告诉马丽 ________

6. A. 是跟好朋友一起去的
B. 他不是一个人去的
C. 他们坐火车去的 ________

7. A. 所以我坐公共汽车来学校
B. 但是最近天气很冷
C. 我常骑自行车来学校 ________

8. A. 坐出租车快是快
B. 但是比坐公共汽车贵多了
C. 所以我常常坐公共汽车出门 ________

9. A. 堵车的时候
B. 可以保证时间
C. 你最好坐地铁 ________

10. A. 买车的人越来越多
B. 城市的交通也越来越拥挤
C. 随着人们生活水平的提高 ________

八、请根据句子的意思，用给出的偏旁或部件，写出正确的汉字。 Please write the correct Chinese characters with the given Chinese character components according to the sentence.

1. 城市的交 tōng(　　)越来越方便。(辶)
2. Jī(　　)场比火车站远得多。(木)
3. 春天来了，dào(　　)处有很多花。(刂)
4. Dì(　　)铁很方便，又快又便宜。(土)
5. 他开车的速 dù(　　)很慢。(广)
6. Qí(　　)自行车可以锻炼身体。(马)
7. Huán(　　)境污染问题越来越严重。(不)
8. Gēn(　　)据天气预报，明天没有雨。(木)
9. 他向老师保 zhèng(　　)以后不迟到。(讠)
10. 我吃饱了，shí(　　)在吃不下了。(宀)

九、写一写：介绍一下你对各种交通工具的看法。尽量用上指定的词语。

Writing: Use as many of the following words as you can to write a passage about your opinion on each vehicle.

是……的　为了　A是A，……　最好　能

▲

30

60

补充生词

限制　太极拳　孙子　出生

第十课

Zěnyàng cái néng zhǎodào hǎo gōngzuò

怎样 才 能 找到 好 工作

热身 Warming-Up

Nǐ bàba zuò shénme gōngzuò?
1. A：你 爸爸 做 什么 工作？

Tā zài dàxué li dāng lǎoshī, tā shì dàxué li de jiàoshòu.
B：他 在 大学 里 当 老师，他 是 大学 里 的 教授。

Ní dǎsuàn bìyè yǐhòu zuò shénme gōngzuò?
2. A：你 打算 毕业 以后 做 什么 工作？

Wó xiǎng dāng yì míng zhōngwén fānyì.
B：我 想 当 一 名 中文 翻译。

Jiānglái ní xiáng zhǎo shénme gōngzuò?
3. A：将来 你 想 找 什么 工作？

Wǒ de zhuānyè shì Zhōngwén, wó xiáng zhǎo gēn Zhōngwén yǒu guānxì de gōngzuò.
B：我 的 专业 是 中文，我 想 找 跟 中文 有 关系 的 工作。

Nǐ bùjǐn zhǎng de shuài, érqiě gōngzuò yé hén hǎo, zhēn shì "gāo fù shuài" a!
4. A：你 不仅 长 得 帅，而且 工作 也 很 好，真 是“高 富 帅”啊！

Bié kāi wánxiào le.
B：别 开 玩笑 了。

Dàxué bìyè kéyǐ zài dàxué li dāng Hànyǔ lǎoshī ma?
5. A：大学 毕业 可以 在 大学 里 当 汉语 老师 吗？
Xiànzài jìngzhēng hěn lìhai, zhíyǒu yánjiūshēng bìyè cái yǒu jīhuì zài
B：现在 竞争 很 厉害，只有 研究生 毕业 才 有 机会 在
dàxué li gōngzuò.
大学 里 工作。

新词语 1 New Words

1. 招聘	zhāopìn	(*v.*)	recruit and employ through advertisement, examination, interview, etc.
2. 毕业	bìyè	(*sv.*)	graduate
3. 将来	jiānglái	(*n.*)	in the future; later
4. 关系	guānxì	(*n.*)	relation; relationship
5. 普通话	pǔtōnghuà	(*n.*)	Mandarin
6. 标准	biāozhǔn	(*n.*)	standard; criterion
		(*adj.*)	conforming to a standard
7. 记者	jìzhě	(*n.*)	reporter; journalist
8. 教授	jiàoshòu	(*n.*)	professor
9. 出差	chūchāi	(*sv.*)	be on a business trip
10. 懒	lǎn	(*adj.*)	lazy
11. 当	dāng	(*v.*)	to act as; to be
12. 作家	zuòjiā	(*n.*)	writer; author
13. 职业	zhíyè	(*n.*)	occupation; profession; vocation
14. 想法	xiǎngfǎ	(*n.*)	idea; thought
15. 导游	dǎoyóu	(*n.*)	tour guide

16. 棒	bàng	(*adj.*)	good; excellent
17. 照相机	zhàoxiàngjī	(*n.*)	camera
18. 继续	jìxù	(*adv.*)	continue; proceed; carry on; get on; keep
19. 研究生	yánjiūshēng	(*n.*)	graduate student
20. 竞争	jìngzhēng	(*v.*)	compete; contend
21. 厉害	lìhai	(*adj.*)	grave; serious; acute
22. 只有……才	zhíyǒu…cái	(*conj.*)	only
23. 硕士	shuòshì	(*n.*)	master's degree
24. 博士	bóshì	(*n.*)	doctor (an academic degree)
25. 肯定	kěndìng	(*adv.*)	certainly; surely
26. 努力	nǔlì	(*adj.*)	hard-working; diligent
27. 赚	zhuàn	(*v.*)	make a profit; gain; earn
28. 成为	chéngwéi	(*v.*)	turn into; become
29. 富	fù	(*adj.*)	rich

关键词语
Key Words

标准	biāozhǔn	她的发音很标准。‖通过考试的标准是什么?
让	ràng	妈妈让她早点儿回家。‖老师让我们谈谈自己的爱好。
只有……才	zhíyǒu…cái	他的病只有吃这种药才能好。‖只有努力学习,汉语水平才能提高。
肯定	kěndìng	他病得很厉害,今天肯定不会来上课。‖她努力工作,终于得到了大家的肯定。

课文（一）
Text I

王华今天去参加招聘会了，虽然他大学还没毕业，但是他想去看一看，将来好找工作。

王华的专业是中文，他想找个跟中文有关系的工作。他喜欢写文章，文章写得很不错，普通话也说得非常标准，朋友们觉得他做记者挺合适的。王华的爸爸是大学里的教授，他也想让王华做记者，可是王华觉得做记者要经常出差，自己挺懒的，不喜欢到处跑。王华想当作家，他觉得当作家可以在家上班，还可以在报纸上写写自己喜欢的文章，这个职业比较适合自己。

王华的朋友马丽跟他想法不一样，她想当一名导游，因为她想去世界各地旅游，她还喜欢照相，她有个很棒的照相机。不过马丽的爸爸妈妈让她大学毕业以后继续读研究生，然后去大学里当老师，现在中国的大学竞争很激烈(jīliè/fierce competition)，只有研究生毕业才有机会在大学里工作，如果不是硕士、博士，肯定不行。马丽打算先努力学习，找一个好工作，赚很多钱，成为富人以后再去世界各地旅游。

◆根据课文内容，选择正确答案。Choose the right answer according to the text.

1. 王华为什么去参加招聘会？（　　）
   A. 他大学毕业，要去找工作
   B. 他为将来找工作做准备
   C. 他替朋友看看
2. 王华想找什么样的工作？（　　）
   A. 跟自己的专业有关系的　B. 他想当记者　C. 他想当导游
3. 王华为什么不愿意当记者？（　　）
   A. 他文章写得不好
   B. 他不想听爸爸的话
   C. 他不喜欢出差
4. 马丽希望将来做什么工作？（　　）
   A. 在大学里做老师　B. 当导游　C 当记者

5. 下面哪句话是正确的？（　　）

A. 现在中国的大学生毕业找工作竞争很激烈

B. 虽然没有读硕士、博士，也可以在大学里工作

C. 没有毕业的大学生不能参加招聘会

新词语 2
New Words

1. 开玩笑	kāi wánxiào		make a joke
2. 失业	shīyè	(*v.*)	unemployment
3. 警察	jǐngchá	(*n.*)	policeman; policewoman; cop
4. 律师	lǜshī	(*n.*)	lawyer
5. 翻译	fānyì	(*v.*)	translate
6. 演员	yǎnyuán	(*n.*)	actor or actress
7. 护士	hùshi	(*n.*)	nurse
8. 看法	kànfǎ	(*n.*)	opinion
9. 收入	shōurù	(*n.*)	income; revenue; earning
10. 工资	gōngzī	(*n.*)	wage; pay; salary
11. 奖金	jiǎngjīn	(*n.*)	prize; reward; award; bonus
12. 愿意	yuànyì	(*v.*)	be willing
13. 轻松	qīngsōng	(*adj.*)	easy; relaxed
14. 加班	jiābān	(*v.*)	work overtime
15. 首先	shǒuxiān	(*adv.*)	first of all
16. 了解	liáojiě	(*v.*)	know; understand; comprehend
17. 法律	fǎlǜ	(*n.*)	law
18. 其次	qícì	(*pron.*)	secondly; next; then

19. 不仅	bùjǐn	(*conj.*)	not only
20. 应聘	yìngpìn	(*v.*)	apply for a job or a position
21. 必须	bìxū	(*aux.*)	must
22. 吸引	xīyǐn	(*v.*)	attract; fascinate
23. 对方	duìfāng	(*n.*)	the opposite side/party

关键词语
Key Words

翻译	fānyì	当翻译 他是一名翻译。‖他不知道这个句子翻译得对不对。
开玩笑	kāi wánxiào	他很喜欢开玩笑。‖大家不要总是开他的玩笑。
收入	shōurù	收入很不错/收入不太高
首先,……;其次,……	shǒuxiān,…;qícì,…	首先,感谢朋友们对我的帮助;其次,非常谢谢我的老师。
不仅	bùjǐn	他不仅会说汉语,而且说得不错。 不仅他会说汉语,而且他哥哥也会说汉语。

课文(二)
Text Ⅱ

越来越多的大学生觉得找工作难,有人开玩笑说"毕业就是失业",但是其实找工作不难,是要找到好工作很难。

什么样的工作才是好工作?当警察、当律师、当翻译、当演员、当护士、当导游……大家的看法都不一样。有的人觉得收入高的工作就是好工作,如果工资很高,还发奖金,这样的工作很多人都愿意干。有的人觉得没有压力的、轻松的工作才是好工作,不加班,不经常开会,也不要经常出差。好工作没有标准,适合自己的才是最好的。怎样才能找到好工作?

首先,要了解自己,一定得知道自己能做什么工作,不适合做什么工作。学法律可以试试当律师。

其次,要了解你选择的职业。找工作以前,不仅要了解自己,还要了解你选择的工作对应聘者的要求。

然后,要认真准备去应聘。应聘就是找工作,找工作就像卖东西一样,要让顾客买你的东西,你必须告诉对方,你的东西非常好,价格非常合适,才能吸引人们来买。找工作时也要学会介绍自己,这样别人肯定会给你机会。

只有那些有准备的人才更容易得到好机会,找到一个好工作只是开始,将来还需要更努力,才能让自己更棒!

◆根据课文内容,选择正确答案。Choose the right answer according to the text.

1.“毕业就是失业”的意思是什么?(　　)

A. 毕业的时候很容易找到工作。

B. 毕业的时候很难找工作

C. 没毕业不用找工作

2. 作者觉得什么样的工作是好工作?(　　)

A. 收入高的　　B. 轻松的　　C. 适合自己的

3. 作者觉得怎样才能找到好工作?(　　)

A. 首先要了解自己,还要了解自己选择的职业

B. 要好的专业

C. 东西要好

4. 为什么说“找工作就像卖东西”?(　　)

A. 都是在向别人介绍

B. 都和钱有关系

C. 都要赚钱

练习
Reading Practice

一、认读练习。Word recognition.

(一)认读词语,与正确的拼音连线。Read, learn and match.

1. 招聘	xīyǐn
2. 赚钱	jiàoshòu
3. 普通话	biāozhǔn
4. 标准	pǔtōnghuà
5. 竞争	nǔlì
6. 教授	jìngzhēng
7. 努力	zhāopìn
8. 吸引	zhuàn qián

(二)看图片,选择合适的词语。Look at the pictures and choose the right word for each one.

A

B

C

D

E

1. 导游(　　)　　2. 护士(　　)　　3. 照相(　　)
4. 毕业(　　)　　5. 报纸(　　)

(三)选择合适的词语填空。Choose the right word for each blank.

A. 演员　B. 职业　C. 肯定　D. 博士　E. 懒　F. 继续

1. 将来你打算选择什么 zhíyè(　　)?
2. 明天我有时间,kěndìng(　　)去参加你的生日晚会。
3. 他的女朋友是 bóshì(　　),让他感觉很有压力。
4. 休息五分钟,我们 jìxù(　　)上课。
6. 他很聪明,但是有点儿 lǎn(　　)。
7. 成龙是一位非常有名的 yǎnyuán(　　)。

二、选词填空。Fill in the blanks.

A. 当　B. 不仅　C. 翻译　D. 开玩笑　E. 招聘

1. 他从小就想(　　)警察,但是因为各种原因,最后成为了一名律师。
2. 这个句子汉语怎么说,你能帮我(　　)一下吗?
3. 他很喜欢(　　),有他的地方非常热闹。
4. 为了公司(gōngsī/the company)的发展,我们决定(juédìng/decide)(　　)两名新职员(zhíyuán/office clerk)。
5. 他(　　)聪明,而且很努力。

A. 只有　B. 照相　C. 让　D. 出差　E. 竞争

1. 他喜欢去风景漂亮的地方(　　)。
2. 现在大学生找工作(　　)很激烈。
3. 星期五下午他去北京(　　)。
4. 他的病(　　)打针才能好。
5. 老师(　　)我去办公室一趟。

A. 关系　B. 适合　C. 作家　D. 报纸　E. 不仅

1. 学汉语(　　)要会说汉语,也要会写汉字。
2. 他想找跟自己的专业有(　　)的工作。
3. 我想当(　　),写自己喜欢的文章。
4. 今天(　　)上有什么新闻?
5. 这件衣服太长了,不太(　　)你。

A. 首先　　B. 收入　　C. 应聘　　D. 吸引　　E. 上班

1.(　　)的时间很容易堵车。

2. 我上个星期去(　　)的那个公司给我打电话了。

3. 她的话(　　)了服务员的注意。

4. 同学们,今天我们(　　)学习新词,然后学习课文(kèwén/text)。

5. 这份工作不仅(　　)很不错,压力也很小。

三、选择词语在句子中的正确位置。 Put the word in the right position.

(　　)1. 虽然王华大学 A 还没毕业,B 他 C 想现在去招聘会看一看,D 将来好找工作。(但)

(　　)2. 王华的专业是中文 A,他想找个跟中文 B 有关系 C 工作 D。(的)

(　　)3. A 王华的爸爸 B 想 C 他做 D 记者。(让)

(　　)4. A 现在中国的大学竞争很激烈,B 研究生毕业 C 才有机会 D 在大学工作。(只有)

(　　)5. 应聘就 A 是找工作,B 找工作 C 就 D 卖东西一样。(像)

(　　)6. A 感谢 B 你的 C 帮助,我 D 会努力的。(非常)

(　　)7. 我 A 想 B 大家 C 谈谈自己 D 将来打算做什么工作。(请)

(　　)8. A 下班以后,B 妈妈 C 我 D 早点回家。(叫)

四、请用下列句子完成会话。 Use the following sentences to complete the dialogue.

A. 我去参加招聘会了。
B. 什么是"高富帅"?
C. 我想找一个工资很高、出差不多的工作。
D. 大学毕业生找工作竞争很激烈,所以我想先去看看,将来好找工作。
E. 做记者好是好,但是经常出差,工作挺累的。
F. 我看过你写的文章,写得非常棒!

1. A:______________________________

B:谢谢你的鼓励,我会努力的。

2. A：你还没毕业怎么就开始去招聘会找工作了？

B：______________________________

3. A：我觉得你挺适合做记者的，又会写文章，又会照相。

B：______________________________

4. A：______________________________

B：就是不仅长得又高又帅，而且会赚钱的男人（nánrén/man）。

5. A：你想找一个什么样的工作？

B：______________________________

6. A：今天你去哪儿了？

B：______________________________

五、连词成句。 Make sentences with the following words.

1. 在大学　老师　当　我妈妈

____

2. 毕业　你打算　以后　什么工作　做

____

3. 去　我想　旅游　世界各地

____

4. 普通话　你的　说得　很标准

____

5. 看过　我　文章　你在学校报纸上　写的

____

6. 让我　我爸爸　想　当记者

____

7. 我朋友　叫我　每天　起床

____

8. 老师请　谈谈　大家　将来的　自己　打算

____

9. 您　对我　非常感谢　鼓励　的

____

六、看图，用指定的词语写句子。 Look at the pictures and make sentences with the given words.

1. 毕业______

2. 照相机______

3. 不仅______

4. 将来______

5. 出差______

七、排列句子的顺序。 Put the sentences in the right order.

例如：A. 我去办公室找李老师

B. 她在家

C. 但是她不在办公室 → ACB

1. A. 他想找个跟中文有关系的工作

B. 他的专业是中文

C. 王华今天去参加招聘会了 ______

2. A. 普通话说得也很标准
B. 他喜欢写文章
C. 文章写得很不错 ________

3. A. 王华的爸爸想让他做记者
B. 但是他觉得做记者要经常出差
C. 他不想到处跑 ________

4. A. 因为当作家可以在家上班
B. 还可以在报纸上写写自己喜欢的文章
C. 王华理想的职业是作家 ________

5. A. 马丽的爸爸妈妈想让她大学毕业以后
B. 然后去大学里当老师
C. 继续读研究生 ________

6. A. 因为只有研究生毕业
B. 如果不读硕士、博士，肯定不行
C. 才有机会在大学里工作 ________

7. A. 马丽打算先努力学习
B. 赚很多钱以后再去世界各地旅游
C. 再找一个好工作 ________

8. A. 不过，我认为适合自己的工作才是好工作
B. 大家的看法都不一样
C. 什么样的工作才是好工作呢？ ________

9. A. 想要找到适合自己的工作
B. 首先要了解自己
C. 其次要了解你选择的职业 ________

10. A. 找工作就像卖东西一样
B. 要吸引顾客买你的东西
C. 应聘就是找工作 ________

八、**请根据句子的意思，用给出的偏旁或部件，写出正确的汉字。** Please write the correct Chinese characters with the given Chinese character components according to the sentence.

1. 他是一个非常有名的 yǎn(　　)员。(氵)

2. 你这样做肯 dìng(　　)不行。(宀)
3. 他想当律师,他的专业是 fǎ(　　)律。(氵)
4. 李老师的普 tōng(　　)话说得很不错。(辶)
5. 虽然他是留学生,但是他的汉语发音挺标 zhǔn(　　)的。(冫)
6. 你喜欢选择什么 zhí(　　)业?(耳)
7. 大学生毕业找工作 jìng(　　)争很厉害。(立)
8. 他硕士毕业以后继续读 bó(　　)士。(十)
9. 听说那份工作的工 zī(　　)很高。(贝)
10. 你 yuàn(　　)意跟我一起去图书馆吗?(心)

九、写一写:介绍一下你希望将来找一个什么样的工作。尽量用上指定的词语。 Writing: Use as many of the following words as you can to write a passage about the job that you want in the future.

专业　　叫　　当　　收入　　压力

30

60

补充生词

公司　　决定　　职员　　课文　　男人

第十一课

Tā zuò le yí gè duō xiǎoshí de chē cái dào

他坐了一个多小时的车才到

热身 Warming-Up

Xīngqīliù shàngwǔ nǐ yǒu kòng ma?
1. A：星期六 上午 你 有 空 吗？

Yǒu a, nǐ yǒu shì ma?
B：有 啊，你 有 事 吗？

Nǐ zū de fángzi lí xuéxiào yǒu duō yuǎn?
2. A：你 租 的 房子 离 学校 有 多 远？

Zǒulù de huà, wǔ fēnzhōng jiù dào le.
B：走路 的 话，五 分钟 就 到 了。

Nǐ de fángzi zěnmeyàng?
3. A：你 的 房子 怎么样？

Wòshì hěn dà, kètīng shāowēi yǒudiǎnr xiǎo.
B：卧室 很 大，客厅 稍微 有点儿 小。

Nǐ zěnme zhème zǎo jiù lái le?
4. A：你 怎么 这么 早 就 来 了？

Wǒ zǎoshang liù diǎn bàn jiù qǐchuáng le.
B：我 早上 六 点 半 就 起床 了。

Shīfu kéyǐ sòng wǒmen, tā shí diǎn cái dào lóu xià.
5. A：师傅 可以 送 我们，他 十 点 才 到 楼 下。

Nà láidejí.
B：那 来得及。

新词语 1
New Words

1. 搬	bān	(*v.*)	carry; move
2. 空	kōng	(*adj.*)	empty; vacant
	kòng	(*n.*)	free time; spare time; empty space
3. 帮忙	bāngmáng	(*sv.*)	help; give a helping hand; do a favor; lend a hand
4. 来不及	láibují	(*v.*)	do not have enough time
来得及	láidejí	(*v.*)	have enough time
5. 烤	kǎo	(*v.*)	bake; to roast; to broil
6. 片	piàn	(*nm.*)	slice
7. 整理	zhénglǐ	(*v.*)	put in order; arrange
8. 并且	bìngqiě	(*conj.*)	further more; besides
9. 行李箱	xíngli xiāng	(*n.*)	the luggage
10. 租	zū	(*v.*)	rent
11. 辆	liàng	(*nm.*)	a measure word for automobiles
12. 师傅	shīfu	(*n.*)	master
13. 距离	jùlí	(*v.*)	be apart from; be at a distance from
14. 分钟	fēnzhōng	(*nm.*)	minute
15. 满意	mǎnyì	(*adj.*)	be satisfied
16. 尽管	jínguǎn	(*conj.*)	although; even though
17. 卧室	wòshì	(*n.*)	bedroom

18. 阳光	yángguāng	(*n.*)	sunshine; spectacles
19. 卫生间	wèishēngjiān	(*n.*)	toilet; bathroom; lavatory
20. 够	gòu	(*adv.*)	enough; sufficient
		(*v.*)	be enough
21. 周围	zhōuwéi	(*n.*)	surrounding
22. 房东	fángdōng	(*n.*)	landlord
23. 活泼	huópō	(*adj.*)	lively
24. 友好	yóuhǎo	(*adj.*)	friendly; amicable
25. 开心	kāixīn	(*adj.*)	happy; joyful; delighted
26. 确实	quèshí	(*adv.*)	really; indeed

关键词语 Key Words

帮忙	bāngmáng	帮我忙/帮个忙/帮了一个大忙
来得及	láidejí	来得及去 我们现在去来得及来不及?
租	zū	租房子/租车/租空调
尽管	jǐnguǎn	尽管房间不大,但是环境很好。
够	gòu	他总是觉得时间不够用。‖你的钱够不够?‖天气够冷的。‖太远了,我够不着。

课文(一) Text I

周六上午王华要搬家,正好大山有空,王华就请他去帮忙。大山怕堵车来不及,所以早上六点半就起床了,连早饭都没来得及吃,坐了一个多小时的车才到,王华没想到他这么早就来了,他们烤了几片面包当早饭。

王华和大山一起吃完了早饭，就开始准备搬家。王华很早就整理好了东西，并且放在行李箱里了，大山先帮王华把行李箱搬到楼下。王华租了一辆面包车，师傅十点才到，所以他们一点儿都不着急。

王华这学期新租的房子距离学校不太远，走路几分钟就到了。他对这个房子非常满意，尽管房子不太大，不过有一个很大的卧室，阳光很好。卫生间稍微有点儿小，但是一个人住也够了。这个房子周围的环境也特别好，另外，他的房东是一个年轻人，性格很活泼，对人很热情，也很友好，他们在一起聊天儿很开心。王华租的房子确实很不错，不过大山已经习惯自己的家了，他不打算搬家。

◆根据课文内容，选择正确答案。Choose the right answer according to the text.

1. 王华什么时候搬家？（ ）
 A. 星期六上午
 B. 星期六下午
 C. 星期天上午
2. （ ）可以帮王华搬家？
 A. 山本　B. 大山　C. 师傅
3. 大山的家离王华的有多远？（ ）
 A. 坐车一个小时
 B. 走路一个多小时
 C. 坐车一个多小时
4. 师傅什么时候来王华的家？（ ）
 A. 六点半　B. 十点半　C. 十点
5. 关于王华新租的房子，哪一句是对的？（ ）
 A. 房子很大
 B. 卧室很大，阳光很不错
 C. 卫生间很小
6. 王华为什么对他新租的房子很满意？（ ）
 A. 房东很热情
 B. 房子价钱便宜
 C. 有朋友跟他一起住

新词语 2
New Words

1. 也许	yéxǔ	(*adv.*)	probably; perhaps; may; maybe; possibly
2. 安全	ānquán	(*adj.*)	safe
		(*n.*)	safety
3. 出发	chūfā	(*v.*)	set out; start off; leave; head; move on
4. 准时	zhǔnshí	(*adv.*)	punctuality
5. 赶	gǎn	(*v.*)	catch; get
6. 公司	gōngsī	(*n.*)	company; firm
7. 因此	yīncǐ	(*conj.*)	therefore; hence; so
8. 之间	zhī jiān	(*prep.*)	among
9. 客厅	kètīng	(*n.*)	living room
10. 餐厅	cāntīng	(*n.*)	dining room; restaurant
11. 面积	miànjī	(*n.*)	acreage; area
12. 房租	fángzū	(*n.*)	rent
13. 洗	xǐ	(*v.*)	wash
14. 中介	zhōngjiè	(*n.*)	intermediary agent
15. 不管	bùguǎn	(*conj.*)	no matter; whether or not
16. 决定	juédìng	(*v.*)	decide; determine
		(*n.*)	decision; determination

关键词语
Key Words

也许	yéxǔ	也许今天会下雨。‖你认真找一找,也许能找到。
不管	bùguǎn	不管天气怎么样,我都来教室。‖不管面包还是面条,他都喜欢吃。
并且	bìngqiě	听并且写

他整理好了行李，并且都放在箱子里了。

因此 yīncǐ 我和他认识了很多年，因此很了解他的性格。

之间 zhī jiān 师生之间/朋友之间/他们之间

课文（二）
Text Ⅱ

不少大学生毕业参加工作遇到的第一个问题就是租房子，怎样才能租到好房子？也许刚开始我们不知道什么样的房子适合自己，但一定要记住：

首先，选择房子安全第一，房子周围的环境要好，住在那儿让你感觉很安全，最好有好邻居。好邻居可以跟你互相帮忙，中国人常说：远亲不如近邻。其次，交通要方便，如果距离上班的地方太远，交通也不太方便，每天要很早出发才能赶到公司的话，你就会觉得很累，影响上班的心情。当然距离公司近的地方可能房租很贵，因此有时候你需要在距离和房租之间做选择。然后，根据你的需要，你可以选择有客厅、餐厅、厨房、卫生间、阳台的房子，房子面积不同房租也不同。房子的卫生间要干净；有的人喜欢很大的阳台，躺着晒太阳也不错，洗晒衣服也方便，还可以种一些植物。

找房子不是一件很容易的事情，如果你想方便可以找中介帮忙。但是不管怎么样，都需要你来决定。

◆根据课文内容，选择正确答案。Choose the right answer according to the text.

1. 作者觉得租房子（　　）最重要。

   A. 安全　　B. 交通　　C. 你的需要

2. 如果不想上班累，可以选择（　　）。

   A. 房租便宜的房子　　B. 距离公司近的房子　　C. 有邻居的房子

3. "远亲不如近邻"是什么意思？（　　）

   A. 好邻居可以互相帮忙　　B. 邻居住得很近　　C. 亲戚住得很远

4. 如果想方便，租房子的时候可以（　　）？

   A. 自己找　　B. 请中介帮忙　　C. 朋友帮忙

练习
Reading Practice

一、认读练习。Word recognition.

(一)认读词语,与正确的拼音连线。Read, learn and match.

1. 学期	zháojí
2. 距离	huánjìng
3. 确实	huópō
4. 客厅	zhénglǐ
5. 活泼	quèshí
6. 整理	kètīng
7. 着急	jùlí
8. 环境	xuéqī

(二)看图片,选择合适的词语。Look at the pictures and choose the right word for each one.

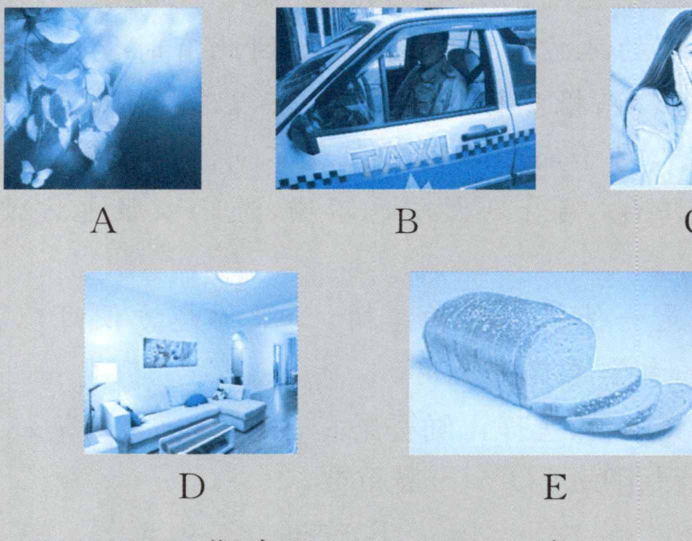

A B C D E

1. 客厅(　　)　2. 阳光(　　)　3. 面包(　　)
4. 师傅(　　)　5. 开心(　　)

(三)选择合适的词语填空。Choose the right word for each blank.

A. 空　B. 准时　C. 赶　D. 餐厅　E. 热情　F. 分钟

1. 那个地方很近,走路五 fēnzhōng(　　)就到了。
2. 这个地方的人对我们非常 rèqíng(　　)。
3. 今天晚上你有 kòng(　　)吗?

4. 我们家的 cāntīng(　　)很大。

5. 明天不要迟到，八点 zhǔnshí(　　)出发。

6. 我们一起去 gǎn(　　)车吧。

二、选词填空。Fill in the blanks.

A. 搬　　B. 租　　C. 因此　　D. 不管　　E. 确实

1. 这个房子很舒服，(　　)我想租一年。

2. 他最近(　　)到一个新房子去了。

3. (　　)天气怎么样，我们都要去那里。

4. 那个地方(　　)离学校很近，走路五分钟就到了。

5. 很多年轻人没有钱买房子，只能(　　)房子。

A. 学期　　B. 卫生间　　C. 并且　　D. 躺　　E. 周围

1. (　　)在床上看书对眼睛很不好。

2. 这个(　　)快要结束(jiéshù/end)了，马上就要考试了。

3. 这个宾馆的(　　)很大，也很干净。

4. 我去超市买了水果，(　　)买了一些饮料。

5. 学校(　　)有很多商店，生活很方便。

A. 安全　　B. 活泼　　C. 开心　　D. 来不及　　E. 面包

1. 他早上喜欢吃(　　)，喝牛奶。

2. 太晚了，一个人出门不太(　　)。

3. 能跟这么多朋友一起吃饭聊天儿，他觉得很(　　)。

4. 他弟弟性格十分(shífēn/very)(　　)，爱说爱笑。

5. 八点上课，七点五十才起床，一定(　　)。

A. 整理　　B. 着急　　C. 房东　　D. 满意　　E. 够

1. 你的东西(　　)好了吗？

2. 这是我的(　　)，对我很热情。

3. 你对这儿的生活(　　)吗？

4. 明天有考试，我还没准备好，真(　　)！

5. 虽然这个地方不大，但是一个人住也(　　)了。

三、选择词语在句子中的正确位置。Put the word in the right position.

(　　)1. 我每天早上 A 六点半 B 从家 C 准时出发 D 去学校。(就)

(　　)2. A 怎么样 B，C 我都要 D 租一个近点儿的房子。(不管)

(　　)3. A 我 B 新租的房子 C 非常 D 满意。(对)

(　　)4. 这个 A 房子 B 周围 C 环境 D 特别好，住在这儿感觉很安全。(的)

(　　)5. 我 A 坐了 B 一个多小时的 C 车 D 到学校。(才)

(　　)6. 这个 A 房子的 B 卫生间 C 有点儿 D 小。(稍微)

(　　)7. 王华 A 很早就 B 整理好了东西，C 放在行李箱里 D 了。(并且)

(　　)8. A 距离近的房子 B 可能房租很贵，C 有时候需要在距离和房租之间 D 做选择。(因此)

四、请用下列句子完成会话。Use the following sentences to complete the dialogue.

A. 星期六上午你有空吗？
B. 你租的房子离学校有多远？
C. 我对新租的房子挺满意的，卧室很大，客厅稍微有点儿小。
D. 我早上六点半就起床了。
E. 那来得及。
F. 我的房子很大，有卧室、餐厅、客厅、厨房和卫生间。

1. A：你的房子有多大？
   B：________________
2. A：________________
   B：有啊，你有事吗？
3. A：你新租的房子怎么样？
   B：________________
4. A：________________
   B：坐车的话，三十分钟就到了。
5. A：师傅可以送我们，他十点才到楼下。
   B：________________
6. A：你怎么这么早就来了？
   B：________________

五、连词成句。Make sentences with the following words.

1. 来不及　都　我早饭　吃

____

2. 东西　他　整理好了　很早　就

____

3. 他　新租的　离学校　房子　不太远

4. 对　这个　他　房子　很满意

5. 阳台　有点儿　稍微　小

6. 这个房子　环境　周围的　很不错

7. 他喜欢　在沙发上　躺　看书

8. 他的　性格　房东　很活泼

六、看图，用指定的词语写句子。Look at the pictures and make sentences with the given words.

1.  整理________

2.  阳光________

3.  租________

4.  来不及________

5.  准时________

七、排列句子的顺序。Put the sentences in the right order.

例如：A. 我去办公室找李老师
B. 她在家
C. 但是她不在办公室 → ACB

1. A. 正好大山有空
B. 周六上午王华要搬家
C. 王华请他去帮忙 ________

2. A. 所以早上六点半就起床了
B. 他怕迟到
C. 早饭都没来得及吃 ________

3. A. 王华很早就整理好了东西
B. 他还租了一辆面包车搬家
C. 并且放在行李箱里了 ________

4. A. 他租的房子有卫生间、阳台
B. 房间稍微有点儿小
C. 但是一个人住也够了 ________

5. A. 另外，他的房东对人也很热情
B. 这个房子周围的环境特别好
C. 所以他对房子非常满意 ________

6. A. 他还不打算搬家
B. 不过他已经习惯自己的家了
C. 虽然他觉得朋友介绍的房子很不错 ________

7. A. 其次，交通要方便
B. 最后，根据需要选择房子的面积
C. 首先，选择房子安全第一 ________

8. A. 如果住的地方距离上班的地方太远
B. 每天上班就会很累，影响上班的心情
C. 交通也不方便 ________

八、请根据句子的意思，用给出的偏旁或部件，写出正确的汉字。Please write the correct Chinese characters with the given Chinese character components according to the sentence.

1. 这学 qī（　　）的课不太多。（月）
2. 中国人常说，远 qīn（　　）不如近邻。（丶）

3. 他对新租的房子很 mǎn(　　)意。(氵)
4. 他的性格很安静，一点儿也不 huó(　　)泼。(氵)
5. 我妈妈非常热 qíng(　　)。(忄)
6. 今天是晴天，yáng(　　)光真好！(日)
7. 那件衣服太贵了，我的钱不 gòu(　　)。(句)
8. 我 què(　　)实不知道他去哪儿了。(石)
9. 学校周 wéi(　　)有商店、银行、医院，生活很方便。(口)
10. 不 guǎn(　　)有多难，我都会坚持学习汉语。(官)

九、写一写：介绍一下你打算租房子还是买房子，你想找什么样的房子。尽量用上指定的词语。 Writing: Use as many of the following words as you can to write a passage. Tell us whether you want to rent or buy a house, and what kind of house you are looking for.

因此　　满意　　并且　　面积　　交通

30

60

补充生词

结束　　十分

第十二课

Tāmen bǎ shāfā tái qǐlái

他们 把 沙发 抬 起来

热身 Warming-Up

Nǐ bǎ diàntī dǎkāi ba, wǒ bǎ dōngxi bān jìnqù.
1. A：你 把 电梯 打开 吧，我 把 东西 搬 进去。
Hěn bàoqiàn, jīntiān diàntī huài le, zhèngzài xiūlǐ ne.
B：很 抱歉， 今天 电梯 坏 了， 正在 修理 呢。

Bīngxiāng fàngzài nǎr?
2. A：冰箱 放在 哪儿？
Bǎ tā fàngdào chúfáng li ba.
B：把 它 放到 厨房 里 吧。

Wǒmen lái bāng nǐ bǎ fángjiān shōushi shōushi ba.
3. A：我们 来 帮 你 把 房间 收拾 收拾 吧。
Méishì, wǒ lái shōushi.
B：没事，我 来 收拾。

Wǒmen zěnme shōushi chúfáng?
4. A：我们 怎么 收拾 厨房？
Nǐ bāng wǒ bǎ zāng pánzi hé wǎn kuài shōudào chúfáng li, bìngqiě
B：你 帮 我 把 脏 盘子 和 碗 筷 收到 厨房 里，并且
xǐ gānjìng ba.
洗 干净 吧。

Wǒmen yào huíjiā le, xièxie nǐ yāoqǐng wǒmen lái wánr.
5. A：我们 要 回家 了，谢谢 你 邀请 我们 来 玩儿。
Bié kèqi, nǐmen néng lái wǒ hěn gāoxìng.
B：别 客气，你们 能 来 我 很 高兴。

新词语 1
New Words

1. 把	bǎ	(*prep.*)	dealing with, used before an object followed by a transitive verb
2. 抱	bào	(*v.*)	hold sb. or sth. with one's arm (s); embrace
3. 插	chā	(*v.*)	insert; stick in
4. 感动	gǎndòng	(*v.*)	move or touch sb.; feel moved; be touched
5. 聚会	jùhuì	(*n.*)	meeting; get-together
		(*v.*)	meet; gather
6. 结束	jiéshù	(*v.*)	finish; end
7. 弄	nòng	(*v.*)	do; manage; handle
8. 脏	zāng	(*adj.*)	dirty
9. 乱	luàn	(*adj.*)	messy; disorderly; in confusion; confused
10. 留	liú	(*v.*)	stay; remain; leave
11. 收拾	shōushi	(*v.*)	put in order; tidy; clear away
12. 刀	dāo	(*n.*)	knife
13. 勺子	sháozi	(*n.*)	spoon; scoop; ladle
14. 毛巾	máojīn	(*n.*)	towel

15. 擦	cā	(*v.*)	rub or wipe in order to clean
16. 小心	xiǎoxīn	(*v.*)	take care; look out
		(*adj.*)	careful
17. 破	pò	(*adj.*)	broken; damaged
18. 瓶子	píngzi	(*n.*)	the bottle
19. 抬	tái	(*v.*)	lift; raise; move; carry
20. 打扫	dásǎo	(*v.*)	clean; sweep
21. 麻烦	máfan	(*adj.*)	troublesome
		(*v.*)	bother
		(*n.*)	bother; burden
22. 抱歉	bàoqiàn	(*v.*)	be sorry; feel apologetic; regret
23. 所有	suóyǒu	(*adj.*)	all
24. 丢	diū	(*v.*)	lose
25. 垃圾桶	lājī tǒng	(*n.*)	trash; litter; garbage; rubbish
垃圾	lājī	(*n.*)	trash can
26. 发现	fāxiàn	(*v.*)	find out; discover
27. 电梯	diàntī	(*n.*)	elevator
28. 修理	xiūlǐ	(*v.*)	mend; repair
修	xiū	(*v.*)	mend; repair
29. 得	děi	(*aux.*)	should
30. 楼梯	lóutī	(*n.*)	staircase

关键词语
Key Words

感动	gǎndòng	很感动 这句话让我很感动。‖她感动得哭了。
弄	nòng	弄乱了/弄破了/弄脏了/弄好了/弄干净了 他把衣服弄脏了。
小心	xiǎoxīn	他不小心把钱包弄丢了。‖小心一点儿!
所有	suóyǒu	所有的人/所有的书 她把所有的房间都打扫了一遍。
麻烦	máfan	这个问题很麻烦。‖服务员不怕麻烦。‖他做事不喜欢麻烦别人。‖她现在有麻烦了。
得	děi	今天的作业得两个小时才能做完。‖要取得好成绩,就得努力学习。

课文(一)
Text I

搬了新家以后,王华邀请朋友们去他家玩儿。马丽和山本送给他一张画,王华把它挂在卧室的墙上。大山抱着鲜花来,王华把鲜花插在花瓶里,朋友们的礼物让王华非常感动。

聚会结束以后,因为他们把房间弄得又脏又乱,所以大家留下来帮助王华把房间收拾一下。马丽把脏盘子、碗、筷子、刀、勺子等收到厨房里,并且把它们都洗干净了。大山力气大一些,他帮王华把桌子和椅子搬到餐厅里,然后用毛巾把桌子擦了擦。王华跳舞的时候不小心把啤酒瓶打破了,破瓶子就在沙发下边,所以王华和大山一起把沙发抬起来,山本把沙发下边打扫了一下,沙发很重,因为麻烦山本帮忙,王华觉得很抱歉。

朋友们帮王华把所有的房间都打扫了一遍,打扫得很干净。他们把垃圾放进垃圾袋里,离开的时候,打算把垃圾袋提到楼下丢到垃圾桶里。出门的时候他们才发现电梯坏了,在修理,得走楼梯。

朋友们都觉得王华的家很舒服,所以他们打算以后常来玩儿。

◆根据课文内容，选择正确答案。Choose the right answer according to the text.

1. 马丽和朋友为什么去王华家？（　　）

A. 王华搬了新家

B. 他们想去王华家玩

C. 马丽想为王华介绍新朋友

2. 谁收拾盘子和碗？（　　）

A. 王华　　B. 马丽　　C. 大山

3. 谁不小心把啤酒瓶打破了？（　　）

A. 王华　　B. 马丽　　C. 大山

4. 王华和大山为什么抬沙发？（　　）

A. 沙发下很脏

B. 沙发需要放在新的地方

C. 沙发下有破瓶子

5. 他们怎么下楼？（　　）

A. 坐电梯　　B. 走楼梯　　C. 跑下楼

6. 他们没有做什么？（　　）

A. 把桌子擦干净　　B. 把垃圾放进垃圾袋　　C. 修理电梯

新词语 2
New Words

1. 忘记	wàngjì	（*v.*）	forget; erase; go out of one's mind
2. 当作	dàngzuò	（*v.*）	regard as
3. 画	huà	（*v.*）	draw a picture
4. 其实	qíshí	（*adv.*）	actually; in fact; as a matter of fact
5. 相同	xiāngtóng	（*adj.*）	alike; identical
6. 偏旁	piānpáng	（*n.*）	Chinese character component
提手旁	tíshǒupáng	（*n.*）	a kind of Chinese radicals

三点水旁	sāndiǎnshuǐpáng	(*n.*)	a kind of Chinese radicals
7. 表示	biǎoshì	(*v.*)	express；convey
8. 动作	dòngzuò	(*n.*)	movement；action；motion
9. 拉	lā	(*v.*)	pull
10. 扔	rēng	(*v.*)	throw away；cast aside
11. 例子	lìzi	(*n.*)	example；case；instance
12. 江	jiāng	(*n.*)	river
13. 河	hé	(*n.*)	river
14. 伤心	shāngxīn	(*adj.*)	sad；heart-broken
15. 流泪	liú lèi	(*v.*)	cry
16. 洗手间	xǐshǒujiān	(*n.*)	toilet；washroom；bathroom
17. 离不开	líbukāi	(*v.*)	be unable to do without

专名 Proper Nouns

1. 长江	Cháng Jiāng	the Yangtze River
2. 黄河	Huáng Hé	the Yellow River

关键词语 Key Words

当作	dàngzuò	他把这儿当作自己的家。‖不要把老师的批评当作耳旁风。
其实	qíshí	大家都以为他是中国人，其实他是日本人。
相同	xiāngtóng	面积相同/爱好相同/“推”和“拉”偏旁相同。
表示	biǎoshì	大家鼓掌(gǔzhǎng/handclap)表示欢迎。
离不开	líbukāi	鱼离不开水。‖植物生长离不开阳光和空气。

课文（二）
Text Ⅱ

很多留学生都觉得学习汉字很难，常常忘记汉字怎么写，他们把写汉字当做画画，其实中国的汉字很有意思。

今天我们学习的汉字，比如：挂、抱、插、抬、搬、扔，等等。这些汉字有一个相同的地方，左边都是“扌”，“扌”的名字叫：提手旁。这个偏旁的汉字很多都表示跟“手”有关的动作。但是每个汉字表示的动作各不相同。收拾房间的时候一个人搬不动沙发，需要两个人一起抬；把画挂在墙上，把花插在花瓶里；出门时，把门打开或者推开门，把不会走的孩子抱着，把自己会走路的孩子拉着；把垃圾扔垃圾桶里，等等。

汉字里像这样的例子还有很多，长江、黄河是中国最有名的两条河，“江”“河”左边的部分都是“氵”，“氵”的名字叫：三点水。三点水旁的汉字很多都表示跟“水”有关，比如我们喝的鸡蛋汤和果汁，运动时会流很多汗，伤心的时候流泪。我们看江河还有湖海都跟水有关系。去洗手间、洗澡、游泳也离不开水。

如果你对汉字感兴趣，学习汉字的时候，你可以把有相同部分的汉字放在一起来记，你会看到它们之间的联系，记起来会容易得多。

◆根据课文内容，回答问题。Answer the following questions according to the text.

1. 很多留学生觉得学习汉语时，什么最难？（　　）

A. 语音　　B. 语法　　C. 汉字

2. 下面哪个汉字跟“手”的动作有关？（　　）

A. 垃　　B. 墙　　C. 推

3. 下面哪个汉字跟“水”有关？（　　）

A. 热　　B. 读　　C. 渴

4. “衬衫”“裙”“裤”这些汉字跟什么有关？（　　）

A. 衣服　　B. 手　　C. 水

5. 根据偏旁在课文中找出汉字并写下来。

扌：______ ______ ______ ______ ______

______ ______ ______ ______ ______

氵：______ ______ ______ ______ ______

______ ______ ______ ______ ______

练习
Reading Practice

一、认读练习。 Word recognition.

（一）认读词语，与正确的拼音连线。Read, learn and match.

1. 电梯	dásǎo
2. 修理	cā
3. 感动	lājī tǒng
4. 聚会	shōushi
5. 收拾	xiūlǐ
6. 打扫	jùhuì
7. 擦	diàntī
8. 垃圾桶	gǎndòng

（二）看图片，选择合适的词语。Look at the pictures and choose the right word for each one.

A

B

C

D

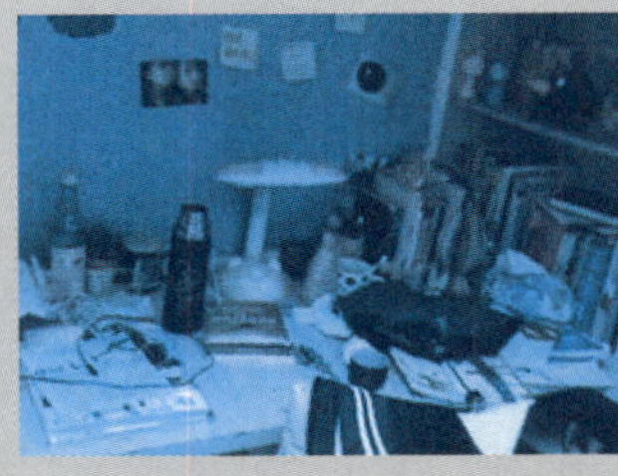
E

1. 毛巾（　　）　2. 电梯（　　）　3. 洗手间（　　）
4. 挂（　　）　5. 乱（　　）

（三）选择合适的词语填空。Choose the right word for each blank.

A. 抬　B. 脏　C. 破　D. 弄　E. 所有　F. 得

1. 这张桌子太重了，帮我 tái(   )一下儿吧。

2. 我不小心把眼镜弄 pò(   )了。

3. 他把照相机 nòng(   )坏了。

4. 明天的考试 suóyǒu(   )的人都必须参加。

5. 来不及了，我 děi(   )走了。

6. 快洗洗，你的手太 zāng(   )了。

二、选词填空。Fill in the blanks.

A. 抱歉　B. 感动　C. 洗手间　D. 抱　E. 聚会

1. (　　)，我不小心把你的杯子打破了。

2. 请问，(　　)在哪儿？

3. 她(　　)着书走进教室来。

4. 今天的(　　)在哪儿举行？

5. 这个电影让我很(　　)。

A. 乱　B. 丢　C. 打扫　D. 所有　E. 毛巾

1. 这是我新买的(　　)，又便宜又好用。

2. 请把垃圾(　　)到垃圾桶里去。

3. 房间太(　　)了，应该收拾一下了。

4. (　　)的房间都打扫干净了。

5. 她喜欢周末的时候(　　)房间。

A. 挂　B. 抬　C. 修理　D. 得　E. 楼梯

1. 电梯坏了，只能走(　　)。

2. 我们把那张画(　　)在卧室里了。

3. 电视机坏了，需要找人(　　)一下儿。

4. 他们一起把桌子(　　)到教室外边了。

5. 想要提高汉语水平，一定(　　)认真学习。

三、选择词语在句子中的正确位置。Put the word in the right position.

(　　)1. 王华 A 把鲜花 B 插 C 花瓶里 D。(在)

(　　)2. 他们 A 把 B 房间 C 弄 D 很乱。(得)

(　　)3. A 马丽 B 脏盘子和 C 碗 D 收到厨房里。(把)

(　　)4. 他们用 A 毛巾把 B 桌子擦 C 擦 D。(了)

(　　)5. 王华 A 跳舞的时候 B 把 C 啤酒瓶 D 打破了。(不小心)

(　　)6. 他们 A 把垃圾 B 放进 C 垃圾袋 D。(里)

(　　)7. 很多留学生 A 把 B 写汉字 C 画画 D。(当作)

(　　)8. A 朋友们帮 B 王华把 C 的房间 D 都打扫得很干净。(所有)

四、请用下列句子完成会话。 Use the following sentences to complete the dialogue.

A. 冰箱放在哪里？
B. 没事，我来收拾吧。
C. 我们怎么收拾厨房？
D. 别客气，你们能来我很高兴。
E. 你把电梯打开吧，我把东西搬进去。
F. 真抱歉，我们把这儿弄得又脏又乱。

1. A：______________________________
   B：那你们得把这儿收拾干净。
2. A：______________________________
   B：我想把冰箱放到厨房里。
3. A：______________________________
   B：你帮我把脏盘子和碗收到厨房里去，并且洗干净吧。
4. A：我们来帮你把房间收拾收拾吧。
   B：______________________________
5. A：我们要回家了，谢谢你邀请我们来你家玩儿。
   B：______________________________
6. A：______________________________
   B：很抱歉，今天电梯坏了，在修理呢。

五、连词成句。 Make sentences with the following words.

1. 抱着　大山　走进来　鲜花

____

2. 把　王华　挂在　画　卧室的墙上

____

3. 礼物　让王华　朋友们的　非常感动

____

4. 把脏盘子　他　很干净　洗得

____

5. 把　他　香蕉皮　丢到　垃圾桶里

____

6. 把沙发　他们　抬起来　一起

____

7. 不小心　把瓶子　打破了　他

____

8. 把桌子　他们　和椅子　搬到外边

____

六、看图，用指定的词语写句子。Look at the pictures and make sentences with the given words.

1. 挂______________________________

2. 垃圾______________________________

3. 抬______________________________

4. 打扫______________________________

5. 感动______________________________

七、排列句子的顺序。Put the sentences in the right order.

例如：A. 我去办公室找李老师
B. 她在家
C. 但是她不在办公室 → ACB

1. A. 王华搬了新家以后
B. 邀请大山和山本去他家玩儿
C. 大山和山本准备了一张画送给他 ________

2. A. 所以聚会结束以后
B. 因为把房间弄得很乱
C. 他们留下来把房间收拾一下 ________

3. A. 在修理呢
B. 出门的时候
C. 他们才发现电梯坏了 ________

4. A. 王华跳舞的时候不小心把啤酒瓶打破了
B. 所以他和大山把沙发抬起来打扫了一下
C. 破瓶子就在沙发下边 ________

5. A. 他们把写汉字当作画画
B. 其实中国的汉字很有意思
C. 很多留学生都觉得学习汉字很难 ________

6. A. “挂、抱、抬、搬、扔”等汉字有一个相同的地方
B. 左边都是提手旁“扌”
C. 这个偏旁的汉字很多都表示跟“手”有关的动作 ________

7. A. 三点水旁的汉字很多都表示跟“水”有关的东西
B. 比如我们喝的鸡蛋汤和果汁
C. “江”“河”左边都是“氵”，“氵”的名字叫：三点水 ________

8. A. 学习汉字时可以把有相同部分的汉字放在一起来记
B. 这样可以看到它们之间的联系
C. 记起来会容易得多 ________

八、请根据句子的意思，用给出的偏旁或部件，写出正确的汉字。Please write the correct Chinese characters with the given Chinese character components according to the sentence.

1. 运动之后 liú（ ）了很多汗。（氵）

2. 夏天去 hǎi(　　)边玩儿很有意思。(氵)
3. 电梯坏了，我们走 lóu(　　)梯吧。(木)
4. 他把我的电脑修 lǐ(　　)好了。(王)
5. 今天家里来了很多人，所以家里很 luàn (　　)。(舌)
6. 我打算把画儿挂在 qiáng(　　)上。(土)
7. 聚会 jié(　　)束以后，我们一起回家。(纟)
8. 周末我把房间收 shi(　　)了一下。(扌)
9. 我 wàng(　　)记把作业交给老师。(心)
10. 大家点头 biǎo(　　)示同意他的建议。(一)

九、写一写：介绍一下你是怎么学习汉字的。尽量用上指定的结构或词语。 Writing: Use as many of the following words as you can to write a passage about the way you learn Chinese characters.

把+O. +V. +……　　所有　　比如

补充生词

鼓掌

第十三课

Huǒchē piào bèi wǒ nòngdiū le
火车 票 被 我 弄丢 了

热身 Warming-Up

Nǐ de huǒchē piào ne?
1. A：你 的 火车 票 呢？
Bèi wǒ nòngdiū le.
B：被 我 弄丢 了。

Nǐ qùguo shénme dìfang?
2. A：你 去过 什么 地方？
Wǒ zhǐ qùguo yí tàng shāngdiàn.
B：我 只 去过 一 趟 商店。

Wǒ xiǎng zhǎo yí fèn gōngzuò.
3. A：我 想 找 一 份 工作。
Wǒmen gōngsī zhèngzài zhāopìn, nǐ kěyǐ lái shìshi.
B：我们 公司 正在 招聘，你 可以 来 试试。

Zhè jiā gōngsī shì zuò shénme de?
4. A：这 家 公司 是 做 什么 的？
Zhè shì yì jiā jiàoyù gōngsī, zhǔyào jiāo gè zhǒng yǔyán.
B：这 是 一 家 教育 公司，主要 教 各 种 语言。

Zài nǐmen gōngsī gōngzuò, shōurù zěnmeyàng?
5. A：在 你们 公司 工作，收入 怎么样？
Yí gè yuè gōngzī yǒu liǎngqiān duō.
B：一 个 月 工资 有 两千 多。

1. 节约	jiéyuē	(*v.*)	economize; save; spare
2. 路	lù	(*n.*)	road
3. 费	fèi	(*n.*)	fee
4. 否则	fǒuzé	(*conj.*)	otherwise
5. 段	duàn	(*nm.*)	passage, paragraph (of an article) period (of time); section (of a distance)
6. 被	bèi	(*prep.*)	ba made or forced, indicating passive voice
7. 回忆	huíyì	(*v.*)	recall
		(*n.*)	memory; recollection
8. 掉	diào	(*v.*)	fall
9. 不得了	bùdéliǎo	(*adj.*)	terrible; horrible
10. 重新	chóngxīn	(*adv.*)	once again
11. 冷静	lěngjìng	(*adj.*)	calm; cool; dispassionate
		(*v.*)	calm down
12. 粗心	cūxīn	(*adj.*)	careless
13. 排队	páiduì	(*v.*)	line up
14. 厕所	cèsuǒ	(*n.*)	toilet; bathroom; washroom
15. 人员	rényuán	(*n.*)	staff; personnel
16. 顺利	shùnlì	(*adj.*)	smooth; without a hitch

关键词语
Key Words

费	fèi	路费/学费/电费/生活费
否则	fǒuzé	你最好早点出门，否则会迟到。‖你要努力学习，否则没办法通过（tōngguò/pass）考试。
段	duàn	一段时间/一段距离/一段路
不得了	bùdéliǎo	急得不得了/累得不得了/难得不得了
排队	páiduì	他们在排队买东西。‖我排了半天队。

课文（一）
Text I

马丽要去北京看朋友，为了节约路费，她选择坐火车去，朋友提醒她早点出门，否则会赶不上火车。马丽很早就出门了，在去火车站的路上，出租车走了一段距离以后，她才发现火车票被她弄丢了。她努力回忆了一下，也许出门前掉在沙发上了，也可能被她放在别的地方了。她急得不得了，她请司机师傅重新往回开，一下车就往家跑。找了半天也没找到，冷静了一下，终于在她自己的钱包里发现了火车票。朋友说她太粗心了。

到了火车站，马丽看见很多人在排队，她就站在别人后面，排了半天队，才发现原来前边是厕所。马丽急得满头大汗，最后在工作人员的帮助下，她才顺利坐上了火车。

◆根据课文内容，选择正确答案。Choose the right answer according to the text.

1. 马丽怎么去北京看朋友？（　　）
   A. 坐飞机　　B. 坐火车　　C. 坐汽车
2. 马丽怎么去火车站？（　　）
   A. 坐公共汽车　　B. 坐地铁　　C. 坐出租车
3. 马丽的火车票在哪儿找到的？（　　）
   A. 在家里的沙发上　　B. 在路上　　C. 在她自己的钱包里
4. 马丽的性格怎么样？（　　）

A. 聪明　　　　　　　B. 仔细(zǐxì/carefully)

C. 马虎(mǎhu/careless)

5. 下面哪句话是对的？(　　)

A. 马丽的火车票被她弄丢了

B. 马丽的火车票没有丢

C. 马丽排了半天队才坐上了火车

新词语 2
New Words

1. 奖学金	jiǎngxuéjīn	(*n.*)	scholarship
2. 光	guāng	(*adv.*)	solely; only
3. 穷	qióng	(*adj.*)	poor; poverty-stricken
4. 死	sǐ	(*v.*)	die
5. 以为	yǐwéi	(*v.*)	think or believe; feel; suppose; assume
6. 办法	bànfǎ	(*n.*)	way; means; measure; step to take; method; resource
7. 提供	tígōng	(*v.*)	give; provide; supply; offer
8. 经理	jīnglǐ	(*n.*)	manager; director
9. 教育	jiàoyù	(*n.*)	education
10. 主要	zhǔyào	(*adj.*)	major; main
11. 语言	yǔyán	(*n.*)	language
12. 正在	zhèngzài	(*adv.*)	be + verb-ing; in the process of; in the course of; in the middle of; in the act of

13. 只要	zhǐyào	(*conj.*)	only if; as long as
14. 千	qiān	(*nm.*)	thousand
15. 干	gàn	(*v.*)	do; work
16. 报名	bàomíng	(*v.*)	apply
17. 打印	dǎyìn	(*v.*)	print
18. 简历	jiǎnlì	(*n.*)	resume
19. 复印	fùyìn	(*v.*)	copy; duplicate
20. 护照	hùzhào	(*n.*)	passport
21. 页	yè	(*nm.*)	page
22. 签证	qiānzhèng	(*n.*)	visa
23. 材料	cáiliào	(*n.*)	material
24. 交	jiāo	(*v.*)	hand over

关键词语
Key Words

教育	jiàoyù	教育孩子/教育学生/学前教育/教育公司
光	guāng	钱被他花光了。‖水被我喝光了。
以为	yǐwéi	我以为他听懂了,其实没听懂。
正在	zhèngzài	我给他打电话的时候,他正在写作业。
只要	zhǐyào	只要愿意干,就会干出成绩来。

课文（二）
Text Ⅱ

王华这个月的奖学金被他用光了，他对山本说，他穷得快饿死了。山本以为他快死了，后来才知道王华在开玩笑。不过山本帮王华想了一个办法，他的朋友给王华提供了一个应聘的机会，今天王华去参加了招聘会。

（在招聘会上，公司的经理在介绍……）

欢迎大家参加今天的招聘会。我们是一家教育公司，主要教学生各种语言，例如英语、日语、法语等，现在我们公司为了发展需要正在招聘一些新老师。只要周末上课就可以了，收入很不错，一个月工资有两三千，如果干得好，还有奖金。欢迎大家来报名。

报名的时候请打印一份您的个人简历，复印好身份证，如果您是外国人，请把护照有照片的这一页和签证页复印一下。

应聘者请准备好材料，在下周日以前交到我们公司或者发电子邮件给我们。

◆根据课文内容，选择正确答案。Choose the right answer according to the text.

1. 这是一家什么公司？（　　）

A. 贸易　　B. 教育　　C. 外贸

2. 关于这家公司，我们可以知道（　　）？

A. 主要教学生各种语言

B. 一周工作七天

C. 收入不错，没有奖金

3. 报名的时候需要提交什么材料？（　　）

A. 个人简历

B. 身份证或者护照复印件

C. A 和 B

4. 应聘者可以怎么报名？（　　）

A. 去公司交材料或者发电子邮件

B. 发电子邮件

C. 直接（zhíjiē/directly）去公司

练习
Reading Practice

一、认读练习。Word recognition.

(一)认读词语,与正确的拼音连线。Read, learn and match.

1. 回忆	jiàoyù
2. 冷静	lìrú
3. 重新	shōurù
4. 签证	chóngxīn
5. 教育	jiǎngjīn
6. 例如	lěngjìng
7. 奖金	qiānzhèng
8. 收入	huíyì

(二)看图片,选择合适的词语。Look at the pictures and choose the right word for each one.

A

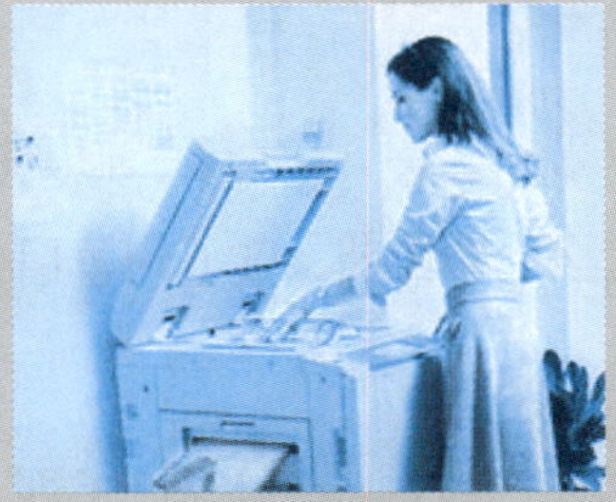
B

C

D

E

1. 厕所(　　)　2. 排队(　　)　3. 复印(　　)
4. 护照(　　)　5. 公司(　　)

（三）选择合适的词语填空。Choose the right word for each blank.

A. 段　B. 掉　C. 可能　D. 粗心　E. 语言　F. 节约

1. 明天 kěnéng（　　）有雨。
2. 她是一个非常 cūxīn（　　）的人，常常丢三落四（diūsān-làsì/forgetful）。
3. 这 duàn（　　）时间你过得怎么样？
4. 大家离开教室的时候把灯（dēng/lamp）关上，jiéyuē（　　）用电（diàn/electricity）。
5. 他在北京 yǔyán（　　）大学学习汉语。
6. 他的眼镜被我碰 diào（　　）了。

二、选词填空。Fill in the blanks.

A. 也许　B. 排队　C. 别人　D. 丢　E. 重新

1. 请把香蕉皮（　　）到垃圾桶里。
2. 前边很多人在（　　），他们在买什么？
3. 请把这个句子（　　）读一遍。
4. 他现在还没来，（　　）不会来了。
5.（　　）说什么不重要，要坚持自己的想法。

A. 护照　B. 打印　C. 只要　D. 页　E. 正在

1. 我出门的时候，她（　　）看电视呢。
2. 请帮我把这份资料（　　）两份。
3. 把书打开，翻（fān/turn over）到二十（　　）。
4. 旅游的时候记得把你的（　　）带着。
5.（　　）你努力学习，就能通过考试。

A. 公司　B. 主要　C. 例如　D. 收入　E. 干

1. 你爸爸是（　　）什么的？
2. 他在那儿工作（　　）怎么样？
3. 这是一家贸易（màoyì/trade）（　　），大概（dàgài/probably）有一百多人。

4. 学习汉语有很多方法，(　　)看中文节目、读中文报纸。

5. 这本书的(　　)内容是介绍中国历史。

A. 否则　　B. 工资　　C. 千　　D. 冷静　　E. 签证

1. 他想去美国读书，但是(　　)还没有办好，今天他去大使馆(dàshǐguǎn/the embassy)。

2. 你要早点出发，(　　)会迟到的。

3. 虽然(　　)不高，但是他很喜欢自己的工作。

4. 这个学校有两(　　)多个留学生。

5. (　　)一点，不要着急，一定能找到办法的。

三、选择词语在句子中的正确位置。Put the word in the right position.

(　　)1. A 我的登机牌(dēngjīpái/boarding pass)B 我 C 不小心 D 弄丢了。(被)

(　　)2. 请你 A 护照 B 有照片的这一页 C 复印 D 一下。(把)

(　　)3. 只要 A 你帮 B 我重新 C 打印一张 D 可以了。(就)

(　　)4. 他看 A 电视看 B 忘了吃饭 C，D 忘了睡觉。(得)

(　　)5. 他急 A 不得 B 了，不知道 C 应该 D 怎么办。(得)

(　　)6. 这个月 A 的奖学金 B 又 C 我 D 用完了。(被)

(　　)7. 我们是一家 A 教育公司，B 教学生 C 各种 D 语言。(主要)

四、请用下列句子完成会话。Use the following sentences to complete the dialogue.

A. 我的火车票被我弄丢了。
B. 这是一家教育公司，主要教各种语言。
C. 一个月工资有两千多。
D. 你能帮我介绍一份工作吗？
E. 你想找一份什么样的工作？
F. 这个月的奖学金又被你用完了？

1. A：________________________________

B：是的，最近我经常出去旅游，花了不少钱。

2. A：________________________________

B：工资越高越好，最好只周末上班。

3. A：你的火车票呢？

B：______________________________

4. A：______________________________

B：我们公司正在招聘，明天我可以带你去见我们经理。

5. A：这家公司是做什么的？

B：______________________________

6. A：在你们公司工作，收入怎么样？

B：______________________________

五、连词成句。Make sentences with the following words.

1. 把　护照　请你　复印一下

____

2. 把　奶奶(nǎinai/grandmather)弹钢琴的　爷爷(yéye/grandfather)　声音　吵醒了

____

3. 被我　弄丢了　他的　登机牌

____

4. 被　照相机　我妹妹　借走了

____

5. 累　得　他　说不出话来

____

6. 着急　她　得　哭(kū/cry)了　起来

____

7. 这个月的　被我　用完了　奖学金

____

8. 大家　欢迎　参加　招聘会　今天的

____

9. 请打印　一份　个人简历　您的

____

10. 很多人　买火车票　在　排队

____

六、看图，用指定的词语写句子。Look at the pictures and make sentences with the given words.

1.  排队________________

2.  起飞________________

3.  着急________________

4.  收入________________

5.  正在________________

七、排列句子的顺序。Put the sentences in the right order.

例如：A. 我去办公室找李老师
B. 她在家
C. 但是她不在办公室 → ACB

1. A. 马丽要去北京看朋友
B. 她选择坐火车去
C. 为了节约路费 ________

2. A. 他发现火车票丢了
B. 急得不得了
C. 朋友说他太粗心了 ________

3. A. 主要教学生各种语言
B. 我们是一家教育公司
C. 例如英语、日语、法语等 ________

4. A. 如果干得好
B. 还有奖金
C. 我们公司一个月工资有两三千 ________

5. A. 欢迎大家来报名
B. 现在我们公司为了发展需要
C. 正在招聘一些新老师 ________

6. A. 报名的时候
B. 复印好身份证
C. 请打印一份您的个人简历 ________

7. A. 如果您想应聘
B. 交到我们公司或者发电子邮件给我们
C. 请准备好资料并在下周日以前 ________

8. A. 然后拿着身份证取登机牌
B. 取好登机牌之后排队进行安全检查
C. 如果乘坐国内航班(hángbān/flight)需要提前一个半小时到机场 ________

八、请根据句子的意思，用给出的偏旁或部件，写出正确的汉字。Please write the correct Chinese characters with the given Chinese character components according to the sentence.

1. 从这儿到图书馆有一 duàn（　　）距离。（ 𠂤 ）
2. 明天也 xǔ（　　）会下雨。（ 讠）
3. 这家公司主要 jiāo（　　）学生各种语言。（孝）
4. 他会说很多种语言，lì（　　）如英语、法语等。（ 亻）
5. 找工作要靠自己的 néng（　　）力。（月）

6. 他冷 jìng（　　）了一下，终于想起来。（青）

7. 他们班的同学 shùn（　　）利通过了考试。（页）

8. 火车上提 gōng（　　）免费的水。（亻）

9. 办 qiān（　　）证的材料你准备好了吗？（⺮）

10. 他终于得到了 jiǎng（　　）学金。（大）

九、写一写：你来中国以后，去哪儿旅游过？并说说你旅游的经历。尽量用上指定的词语或结构。 Writing: Use as many of the following words and sentence structure as you can to write a passage about where you have traveled since you came to China.

被　　否则　　*adj*.＋得＋状态补语

补充生词

通过　　丢三落四　　灯　　电　　仔细　　马虎　　直接
翻　　贸易　　换　　大使馆　　登机牌　　航班　　奶奶
爷爷　　哭　　大概

第十四课

Tā dānxīn kànbudǒng Zhōngwén xiǎoshuō

他担心看不懂中文小说

热身 Warming-Up

Zhōngwén xiǎoshuō nǐ kàndedǒng kànbudǒng?
1. A：中文小说你看得懂看不懂？

Zhè běn xiǎoshuō yǔyán hěn jiǎndān, wǒ kàndedǒng.
B：这本小说语言很简单，我看得懂。

Gāngcái de Zhōngwén diànyǐng nǐ kàndǒng le ma?
2. A：刚才的中文电影你看懂了吗？

Wǒ cái xué le bànnián Hànyǔ, dà bùfen méi kàndǒng.
B：我才学了半年汉语，大部分没看懂。

Wǎnshang wǒ xiǎng jǔbàn yí gè wǎnhuì, nǐ shìfǒu néng cānjiā?
3. A：晚上我想举办一个晚会，你是否能参加？

Wǒ yǒu shì, cānjiā bù liǎo.
B：我有事，参加不了。

Míngtiān kàn yǎnchū, nǐ láideliǎo ma?
4. A：明天看演出，你来得了吗？

Bù jiābān de huà, wǒ láideliǎo.
B：不加班的话，我来得了。

Zhème duō dōngxi, nǐ de bāo fàngdexià ma?
5. A：这么多东西，你的包(bag)放得下吗？

Fàngxīn ba, wǒ de bāo hěn dà, fàngdexià.
B：放心吧，我的包很大，放得下。

新词语 1
New Words

1. 放心	fàngxīn	(*v.*)	be assured
2. 故事	gùshi	(*n.*)	story
3. 内容	nèiróng	(*n.*)	content; details
4. 有趣	yǒuqù	(*adj.*)	interesting; fascinating; amusing; funny
5. 复杂	fùzá	(*adj.*)	complex
6. 浪漫	làngmàn	(*adj.*)	romantic
7. 爱情	àiqíng	(*n.*)	love (between a man and woman)
8. 小伙子	xiǎohuǒzi	(*n.*)	bloke; young man
9. 约会	yuēhuì	(*n.*)	date; appointment
10. 永远	yóngyuǎn	(*adv.*)	forever
11. 反对	fǎnduì	(*v.*)	oppose; be against; object to
12. 诚实	chéngshí	(*adj.*)	honest
13. 勇敢	yónggǎn	(*adj.*)	brave; courageous
14. 不得不	bù dé bù		have to
15. 同意	tóngyì	(*v.*)	agree; approve; assent to; consent to
16. 作者	zuòzhě	(*n.*)	author; writer
17. 著名	zhùmíng	(*adj.*)	famous; celebrated
18. 之	zhī	(*sa.*)	auxiliary, used to form a grammatical structure
19. 奖	jiǎng	(*n.*)	prize
20. 拍	pāi	(*v.*)	shoot; making (a movie)
21. 羡慕	xiànmù	(*v.*)	admire; envy
22. 既然	jìrán	(*conj.*)	even if

23. 场	chǎng	(vm.)	a measure word used for activities
24. 演出	yǎnchū	(n.)	performance; presentation
25. 即使	jíshǐ	(conj.)	even if
26. 约	yuē	(v.)	make an appointment; arrange
27. 礼拜天	lǐbàitiān	(n.)	sunday
28. 至少	zhìshǎo	(adv.)	at least
29. 座位	zuòwèi	(n.)	seat
30. 节日	jiérì	(n.)	holiday; festival
31. 恐怕	kǒngpà	(adv.)	perhaps; probably; maybe
32. 百分之	bǎi fēn zhī		percent
33. 按时	ànshí	(adv.)	on time; on schedule; punctually
34. 交流	jiāoliú	(v.)	communicate

关键词语
Key Words

不得不	bù dé bù	太晚了,没有车了,他不得不走路回家。
羡慕	xiànmù	我很羡慕他有这么一个好工作。‖他的汉语很流利,让我很羡慕。
既然	jìrán	既然你一定要去,就去吧。
另外	lìngwài	这些是中文书,另外一些是英文书。‖这个故事很有趣,另外几个故事我没看懂。‖今天我们学习第十四课课文,另外,把第十四课的练习做完。
场	chǎng	一场电影/一场雨/一场足球比赛
恐怕	kǒngpà	他现在没来,恐怕不来了。‖这个教室不太大,恐怕坐不下 50 个学生。
百分之	bǎi fēn zhī	百分之百/百分之二十

课文（一）
Text I

上星期马丽向大山介绍了一本中文小说，大山担心看不懂。马丽让大山放心，这本小说故事内容很有趣，语言很简单，一点儿也不复杂。他一定看得懂。这是一个浪漫的爱情故事，一个小伙子爱上了一个女孩，他们经常约会，希望永远在一起，但是女孩的父亲反对，小伙子诚实、勇敢，故事的最后，那位父亲不得不同意他们在一起。这本小说的作者是中国著名的作家之一，还获得过一些国际大奖。他写的小说很值得看。他的小说还被拍成了电影，最近在电影院里看得到。

大山很羡慕马丽，因为很多汉字他不认识，所以他看不懂中文小说。马丽说既然看不懂小说，就去看电影吧。不过星期六大山要和朋友去看另外一场演出，看不了电影。不过既然机会这么难得，即使有再多的事儿，他也一定要找时间去看看。他们约好了礼拜天晚上一起去看电影。

那个电影院很大，坐得下一百人，至少有一半的座位空着，可能因为那天是中国人重要的节日——中秋节，恐怕很多人都在家吃月饼呢。看完电影，大山说大部分看懂了，只有百分之二十没看懂。马丽鼓励大山，即使看不懂中文小说，也要坚持学习汉语，每天按时上课，多和中国人交流，这样才能很快地提高汉语水平。

◆根据课文内容，选择正确答案。Choose the right answer according to the text.

1. 马丽为什么让大山放心？（　　）

   A. 小说语言很容易　　　B. 是中文小说

   C. 她觉得大山汉语水平比较高

2. 关于这本小说的作者，没有说到的是哪一个？（　　）

   A. 很有名　　　　　　　B. 获得过一些国际大奖

   C. 他会拍电影

3. 大山为什么羡慕马丽？（　　）

   A. 马丽知道小说的作者

   B. 马丽汉语水平很高

   C. 马丽常看中国电影

4. 星期六大山为什么看不了电影？（　　）

   A. 他和朋友要去看演出

   B. 很多汉字他不认识

   C. 他担心自己看不懂电影

5. 那天电影院里人为什么不多？（　　）
A. 电影不好看　　　　B. 那天是中国人重要的节日
C. 电影院太远了

新词语 2 New Words

1. 真正	zhēnzhèng	(*adj.*)	genuine; true; real
2. 极其	jíqí	(*adv.*)	extremely; exceedingly
3. 困难	kùnnan	(*n.*)	trouble; difficulty
		(*adj.*)	difficult; hard; tough
4. 是否	shìfǒu	(*adv.*)	whether or not
5. 优点	yōudiǎn	(*n.*)	merit; advantage; virtue; excellence
6. 缺点	quēdiǎn	(*n.*)	defect; drawback; falw; fault; shortcoming
7. 随便	suíbiàn	(*adj.*)	casual; informal; random
8. 由于	yóuyú	(*prep.*)	owing to; as a result of; due to
9. 仍然	réngrán	(*adv.*)	still; yet
10. 实际	shíjì	(*n.*)	reality
11. 往往	wángwǎng	(*adv.*)	often; frequently

关键词语 Key Words

极其	jíqí	极其重要/极其困难/极其美丽
是否	shìfǒu	他是否能来，还不一定。
仍然	réngrán	今天有雨，天气预报说明天仍然有雨。‖他昨天没来上课，今天仍然没来上课。
由于	yóuyú	由于他学习认真，因此得到了老师的表扬。
往往	wángwǎng	休息的时候，他往往去公园散步。‖他往往一到秋天就生病。

课文（二）
Text Ⅱ

生活中，我们经常听到这样一句话："其实你不了解我。"确实是这样。因为要真正了解一个人是极其困难的。即使花很长一段时间，也不一定能了解得了。因为了解别人不是一件简单的事，比这更困难的是了解自己，你是否百分之百地了解你自己的习惯、爱好、性格，你是否知道自己的优点和缺点？恐怕你也回答不了。既然你自己都不了解自己，别人怎么可能了解你呢？

点菜的时候很多人喜欢说"随便"，随便什么都可以，那是你不了解自己的想法，在饭桌上，即使你不点菜，由于别人点了菜，你仍然吃得到香甜的饭菜，可是在实际生活中，不了解自己的人往往什么也得不到。

◆根据课文内容，选择正确答案。Choose the right answer according to the text.

1. 为什么人们常说"其实你不了解我"？（　　）
   A. 真正了解一个人非常难
   B. 没有时间了解别人
   C. 不想了解别人
2. 根据课文内容，可以知道：（　　）。
   A. 每个人百分之百了解自己
   B. 了解别人很简单
   C. 了解别人很难，了解自己更难
3. 我们很难真正了解自己，文章中没有说到：（　　）。
   A. 习惯　　B. 水平　　C. 性格
4. 点菜的时候喜欢说"随便"的人，（　　）。
   A. 很了解自己
   B. 仍然可以吃到香甜的饭菜
   C. 生活中可能什么也得不到

练习
Reading Practice

一、认读练习。Word recognition.

（一）认读词语，与正确的拼音连线。Read, learn and match.

1. 羡慕	shíjì
2. 演出	gǔlì
3. 座位	réngrán
4. 鼓励	kùnnan
5. 困难	zuòwèi
6. 仍然	xiànmù
7. 实际	liáojiě
8. 了解	yǎnchū

（二）看图片，选择合适的词语。Look at the pictures and choose the right word for each one.

A

B

C

D

E

1. 演出（　　）　2. 看不懂（　　）　3. 得奖（　　）
4. 座位（　　）　5. 有趣（　　）

（三）选择合适的词语填空。Choose the right word for each blank.

A. 介绍　B. 节日　C. 实际　D. 水平　E. 作者

1. 他的汉语 shuǐpíng(　　)提高得很快。
2. 看起来他有 40 岁,shíjì(　　)上他只有 20 多岁。
3. 中秋节是中国人重要的 jiérì(　　)之一。
4. 我来 jièshào(　　)一下儿,这位是王老师。
5. 这本小说的 zuòzhě(　　)是个年轻的大学生。

二、选词填空。Fill in the blanks.

A. 正在　　B. 语言　　C. 获得　　D. 部分　　E. 值得

1. 这件衣服又好看又便宜,(　　)买。
2. 这次比赛他(　　)了第一名的好成绩。
3. 我的专业是法律,不过我对(　　)也很感兴趣。
4. 这本书大(　　)内容都是介绍中国历史。
5. 我给他打电话的时候,他(　　)看书呢。

A. 至少　　B. 是否　　C. 既然　　D. 即使　　E. 按时

1. 明天早上八点大家一定要(　　)来上课。
2. 将来你(　　)会记得现在在中国的生活?
3. 电影院里(　　)有一半的座位空着。
4. (　　)你身体不舒服,就去医院看看吧。
5. (　　)他身体不舒服,他也要在教室学习。

A. 性格　　B. 极其　　C. 仍然　　D. 往往　　E. 由于

1. 那个女孩(　　)漂亮。
2. 他的(　　)很活泼,谁都可以跟他成为朋友。
3. 认真努力的人(　　)先获得成功。
4. 李老师又讲了一遍,他(　　)没听懂。
5. (　　)天气预报(yùbào/forecast)说明天有雨,明天的演出举办(jǔbàn/hold)不了了。

三、选择词语在句子中的正确位置。Put the word in the right position.

(　　)1. 既然机会 A 这么难得,B 我 C 向经理 D 请个假去看看。(就)
(　　)2. 我 A 去 B 找他的时候,C 他 D 看中文小说。(正在)
(　　)3. 即使我 A 有再 B 多的事,C 我 D 来得了。(也)

(　　)4. 他是中国著名的作家 A，B 还获得过一些 C 国际大奖 D。(之一)

(　　)5. 刚才(gāngcái/just now)A 中文 B 电影 C 你看懂了 D 吗？(的)

(　　)6. A 演出 B 结束 C 我们就去参加 D 他举办的晚会。(一)

(　　)7. A 他 B 写的小说 C 拍成了电影，最近在电影院里 D 看得到。(被)

(　　)8. 不 A 了解自己的 B 人 C 什么也 D 得不到。(往往)

四、请用下列句子完成会话。Use the following sentences to complete the dialogue.

A. 你等了很久了吧？
B. 这本小说语言很简单，我看得懂。
C. 他是中国著名的作家之一。
D. 刚才的电影我都看懂了。
E. 明天晚上我请你吃饭，你来得了吗？
F. 明天的晚会你需要帮忙吗？

1. A：________________

B：你请客(qǐngkè/stand treat)，即使有再多的事，我也来得了。

2. A：这本小说你看得懂看不懂？

B：________________

3. A：________________

B：放心吧，我一个人忙得过来。

4. A：这本小说的作者有名吗？

B：________________

5. A：________________

B：我早就到了，一边看书一边等你。

6. A：________________

B：中文电影你都看得懂，你的汉语水平提高得真快！

五、连词成句。Make sentences with the following words.

1. 正在　他　中文小说　看　呢

____

2. 爬得　这么高的　你　楼梯　上去　吗

____

3. 小说　值得　他写的　很　看

____

4. 汉语水平　提高得　你的　真　快

____

5. 一场　我和朋友　星期天下午　演出　去看

____

6. 向经理　我　去看演出　请假

____

7. 他的　获得　一些　国际大奖　小说　过

____

8. 他写的　拍成了　被　小说　电影

____

六、看图，用指定的词语写句子。 Look at the pictures and make sentences with the given words.

1.  作者______________________________

2.  值得______________________________

3.  恐怕______________________________

4.  演出______________________________

5.  看不懂______________________________

七、排列句子的顺序。Put the sentences in the right order.

例如：A. 我去办公室找李老师
B. 她在家
C. 但是她不在办公室 → ACB

1. A. 这本小说故事很有趣
B. 他一定看得懂
C. 语言也很简单 ________
2. A. 还获得过一些国际大奖
B. 中国著名的作家之一
C. 这本小说的作者是 ________
3. A. 大山看不懂中文小说
B. 马丽说既然看不懂中文小说
C. 就去看电影吧 ________
4. A. 既然参观那儿的机会这么难得
B. 即使有再多的事儿
C. 我也一定要去看看 ________
5. A. 坐得下一百人
B. 不过至少有一半的座位空着
C. 那个电影院很大 ________
6. A. 你是否百分之百地了解自己的习惯、爱好、性格呢
B. 你自己都不了解自己，别人怎么可能了解你呢
C. 这个问题恐怕你也回答不了 ________
7. A. 也不一定能了解得了
B. 即使花很长一段时间
C. 真正了解一个人是极其困难的 ________
8. A. 点菜的时候
B. 那是你不了解自己的想法
C. 很多人喜欢说"随便" ________

八、请根据句子的意思，用给出的偏旁或部件，写出正确的汉字。Please write the correct Chinese characters with the given Chinese character components according to the sentence.

1. 这本小说的作者是中国 zhù(　　)名的作家之一。(艹)
2. 星期六他和朋友一起去看了一 cháng(　　)演出。(土)
3. 那个电影院至少有一半的 zuò(　　)位空着。(广)
4. 这本小说故事很有 qù(　　)。(走)

5. 既 rán(　　)看不懂小说，就去看电影吧。(灬)
6. 这么晚了，他 kǒng(　　)怕不会来了。(心)
7. 你父母同 yì(　　)你的想法吗？(立)
8. 他是一个很 chéng(　　)实的人。(讠)
9. 她一个人到处旅行，真 yóng (　　)敢。(力)
10. 他喜欢和父母交 liú(　　)想法。(氵)

九、写一写：你学习汉语的经历。尽量用上指定的词语或结构。 Writing: Use as many of the following words and sentence structure as you can to write a passage about your experience of learning Chinese.

V.＋得＋*R.*(例如，听不懂、看得懂)　　至少　　仍然
水平　　鼓励　　实际上　　即使……也……

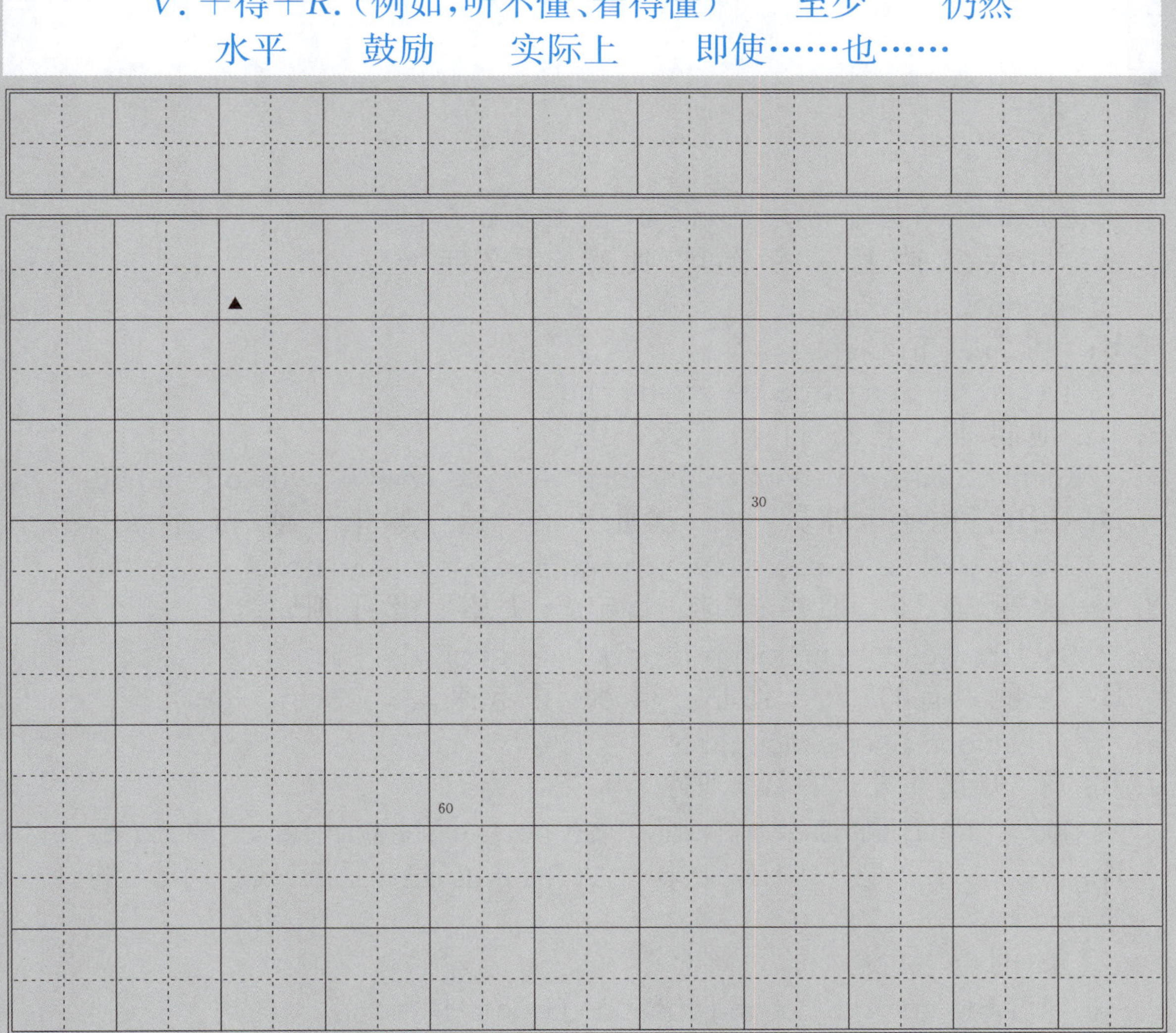

补充生词
包　　预报　　举办　　刚才　　请客

第十五课

Bǐsài xīyǐn le guānzhòng de zhùyì

比赛 吸引 了 观众 的 注意

热身
Warming-Up

Zuótiān wǎnshang de lánqiú bǐsài zěnmeyàng?
1. A：昨天 晚上 的 篮球 比赛 怎么样？
Fēicháng jīngcǎi.
B：非常 精彩。

Tāmen duì zěnme dǎ de zhème chà?
2. A：他们 队 怎么 打 得 这么 差？
Kěnéng yóuyú qiúyuán tài jǐnzhāng le, yuè jǐnzhāng yuè dǎ bu hǎo.
B：可能 由于 球员 太 紧张 了，越 紧张 越 打不 好。

Bǐsài shū le, nàxiē qiúmí kěndìng shīwàng jí le ba.
3. A：比赛 输 了，那些 球迷 肯定 失望 极 了 吧。
Shì a, yǒude rén shāngxīn de kū le qǐlai.
B：是 啊，有的 人 伤心 得 哭 了 起来。

Nǐ zhīdào Cháng Jiāng ma?
4. A：你 知道 长 江 吗？
Cháng Jiāng shì Zhōngguó dì-yī dà hé, yě shì Yàzhōu zuì cháng de yì tiáo hé.
B：长 江 是 中国 第一 大 河，也 是 亚洲 最 长 的 一 条 河。

Nǐ néng zài dìtú shang zhǎodào Huáng Hé ma?
5. A：你 能 在 地图 上 找到 黄 河 吗？
Cóng dìtú shang kàn, Huáng Hé hěn xiàng yí gè dàdà de Hànzì "jǐ".
B：从 地图 上 看，黄 河 很 像 一个 大大 的 汉字“几”。

新词语 1
New Words

1. 队	duì	(*n.*)	team; troops; rank
2. 精彩	jīngcǎi	(*adj.*)	(of a performance, match, etc.) brilliant; wonderful
3. 打篮球	dǎ lánqiú		play basketball
4. 当地	dāngdì	(*n.*)	local
5. 观众	guānzhòng	(*n.*)	viewer; spectator; audience
6. 认为	rènwéi	(*v.*)	to think; consider
7. 赢	yíng	(*v.*)	to win
8. 主场	zhúchǎng	(*n.*)	home court
9. 令	lìng	(*v.*)	order; command
10. 吃惊	chījīng	(*sv.*)	feel afraid suddenly; be startled; be shocked; be astonished
11. 进行	jìnxíng	(*v.*)	to execute; carry out
12. 球员	qiúyuán	(*n.*)	player
13. 紧张	jǐnzhāng	(*adj.*)	nervous
14. 害怕	hàipà	(*v.*)	to be afraid; be frightened
15. 输	shū	(*v.*)	lose; be beaten; be defeated
16. 信心	xìnxīn	(*n.*)	confidence; faith; reliance; assurance
17. 自信	zìxìn	(*adj.*)	self-confident
		(*n.*)	self-confidence
18. 超过	chāoguò	(*v.*)	exceed

19. 提前	tíqián	(*adv.*)	in advance; ahead of time; ahead of schedule; beforehand
		(*v.*)	advance the date or time of
20. 适应	shìyìng	(*v.*)	adjust to; adapt to; fit in with
21. 支持	zhīchí	(*v.*)	assist; support; stand for; back up
22. 受到	shòudào	(*v.*)	receive; suffer
23. 失望	shīwàng	(*adj.*)	disappointed; despaired
		(*v.*)	disappoint; despair
24. 生气	shēngqì	(*v.*)	be/get angry; be offended; be annoyed
25. 甚至	shènzhì	(*adv.*)	even; so far as to

关键词语
Key Words

令　lìng　他的话令人吃惊。‖这个消息(xiāoxi/information; message)令人兴奋(xīngfèn/excited)。

进行　jìnxíng　进行工作/进行讨论(tǎolùn/discuss)/进行教育和批评
会议正在进行。

超过　chāoguò　留学生的人数超过了两千人。‖他这次考试的成绩超过了90分。

受到　shòudào　受到观众的欢迎/受到老师的批评
飞机受到天气的影响不能正常起飞(qǐfēi/take off)。

甚至　shènzhì　这个问题太难了,甚至老师也回答不了。‖爸爸工作太忙,甚至周末也要加班。

课文（一）
Text Ⅰ

昨天晚上湖人队和热火队的篮球比赛十分精彩，吸引了当地观众的注意。一开始大家都认为湖人队肯定会赢，因为这是湖人队的主场。令人吃惊的是比赛刚进行一会儿，热火队就得了十几分，湖人队的球员紧张得很，害怕输球，越紧张动作越做不好，越害怕越没有信心。不过随着比赛的进行，他们重新找回了自信。湖人队慢慢赶上来，最后超过热火队，赢了比赛。有人说，热火队输球的原因有很多，首先，尽管他们提前进行了练习，但是还是不太适应环境；其次，大部分观众支持湖人队，他们在比赛时受到了影响。比赛结束时，支持热火队的观众非常失望，他们又伤心又生气，有的甚至哭了起来。

◆根据课文内容，选择正确答案。Choose the right answer according to the text.

1. 关于湖人队和热火队的比赛，哪一项对？（　　）
   A. 热火队赢了
   B. 当地的观众都很喜欢湖人队
   C. 湖人队一开始得了十几分
2. 湖人队的球员为什么一开始打得不太好？（　　）
   A. 没有练习
   B. 太紧张了
   C. 受到了观众的影响
3. 热火队输球的原因，课文中没有提到的是（　　）。
   A. 热火队队员很紧张
   B. 热火队不太适应环境
   C. 在比赛时受到了观众的影响
4. 从课文中，我们可以知道（　　）。
   A. 当地人都喜欢热火队
   B. 热火队提前进行了练习
   C. 比赛的结果让支持热火队的观众很吃惊

新词语 2
New Words

1. 亚洲	Yàzhōu	(*n.*)	Asia
2. 经过	jīngguò	(*v.*)	pass through/by
		(*prep.*)	through; under
3. 省	shěng	(*v.*)	economize; save
4. 估计	gūjì	(*v.*)	estimate
		(*n.*)	an estimate
5. 建	jiàn	(*v.*)	build; construct; establish
6. 桥	qiáo	(*n.*)	bridge
7. 世纪	shìjì	(*n.*)	century
8. 称为	chēng wéi	(*v.*)	call; name
9. 万	wàn	(*nm.*)	ten thousand
10. 距今	jù jīn		up to now
11. 公路	gōnglù	(*n.*)	way
铁路	tiělù	(*n.*)	railway
高速公路	gāosù gōnglù	(*n.*)	expressway
12. 车道	chēdào	(*n.*)	lane
13. 同时	tóngshí	(*adv.*)	meanwhile
14. 通过	tōngguò	(*prep.*)	by means of; by way of; by; through
15. 作用	zuòyòng	(*n.*)	effect; function
16. 变化	biànhuà	(*n.*)	change; variation
		(*v.*)	change; vary

17. 发生	fāshēng	(*v.*)	take place; happen
18. 景点	jǐngdiǎn	(*n.*)	scenic spots; scenery spots
19. 经济	jīngjì	(*n.*)	economy
20. 完全	wánquán	(*adv.*)	completely; absolutely; entirely; all; totally

关键词语 Key Words

经过	jīngguò	长江经过武汉。‖你能说说事情的经过吗?
作用	zuòyòng	起作用/积极作用
变化	biànhuà	这个城市发生了很大的变化。‖那个城市变化得很快。
完全	wánquán	完全同意 他的病完全好了。

课文(二) Text Ⅱ

长江是亚洲最长的一条河,全长6300多公里,从西流向东,经过11个省市,最后经过上海的入海口流进大海——东海。黄河是中国第二大河,它也从西流向东,被人们叫作"母亲河",从地图上看,它就像一个大大的"几"字。现在长江和黄河上估计已经有几十座大桥了。

武汉长江大桥是1949年10月以后建在长江上的第一座大桥,是上个世纪修好的,被称为"万里长江第一桥",距今已有近70年的历史了。武汉长江大桥全长1670多米,是一座公路、铁路两用桥,上层是四车道的公路,四辆汽车同时通过也没问题,下层是铁路,两辆火车可以同时对开。武汉长江大桥对中国南北交通的发展有着重要作用。几十年过去了,武汉长江大桥没有发生太大变化,现在已经成为中国著名的旅游景点之一。

随着经济发展的需要，江河上的大桥也越来越多，大桥也让城市的距离变得更短，让经济发展得更快，我们的生活已经完全离不开它们了。

◆根据课文内容，选择正确答案。Choose the right answer according to the text.

1. 根据课文，长江（　　）。

A. 从北往南流

B. 全长一万多里

C. 流经 11 个省市

2. 关于黄河，可以知道（　　）。

A. 从西流向东

B. 中国最长的河

C. 估计有一万多公里

3. 关于武汉长江大桥，可以知道（　　）。

A. 是双层的

B. 还没通车

C. 下层是高速公路

4. 根据课文，哪句话不对？（　　）

A. 长江经过上海

B. 黄河是中国第二大河

C. 武汉长江大桥有 70 年的历史了

5. 关于武汉长江大桥，我们可以知道：（　　）。

A. 1949 年 10 月建好的

B. 全长 1670 米

C. 是一座公路、铁路两用桥

练习 Reading Practice

一、认读练习。Word recognition.

(一)认读词语,与正确的拼音连线。Read, learn and match.

1. 精彩	jīngjì
2. 紧张	zhīchí
3. 信心	shāngxīn
4. 首先	yǐngxiǎng
5. 支持	shǒuxiān
6. 影响	jǐnzhāng
7. 伤心	xìnxīn
8. 经济	jīngcǎi

(二)看图片,选择合适的词语。Look at the pictures and choose the right word for each one.

A

B

C

D

E

1. 桥(　　)　　2. 观众(　　)　　3. 吃惊(　　)
4. 失望(　　)　　5. 高速公路(　　)

(三)选择合适的词语填空。Choose the right word for each blank.

A. 其次　B. 信心　C. 害怕　D. 受到　E. 世纪

1. 这家饭店已经开了半个多 shìjì(　　)了。

2. 这个孩子从小 hàipà(　　)黑，每天晚上睡觉都要开着灯。

3. 想去旅行，首先，得有钱，qícì(　　)，还要有时间。

4. 这个演员的演出 shòudào(　　)观众的欢迎。

5. 你有 xìnxīn(　　)通过这次的考试吗？

二、选词填空。Fill in the blanks.

A. 估计　　B. 由于　　C. 进行　　D. 输　　E. 紧张

1. 各位乘客(chéngkè/passengers)，很抱歉的通知(tōngzhī/inform)您，(　　)天气原因，您乘坐的航班(hángbān/flight)无法按时起飞。
2. (　　)今天不会下雨，你看阳光多好啊。
3. 会议正在 310 房间(　　)。
4. 第一次参加这么重要的比赛，他们非常(　　)。
5. 尽管他们非常努力，但是比赛还是(　　)了，他们非常失望。

A. 随着　　B. 尽管　　C. 吃惊　　D. 提前　　E. 首先

1. (　　)天气不好，他还是来了。
2. 明天的会议不是九点开始，是八点半，(　　)了半个小时。
3. 这儿的景色(　　)季节的变换有很大的变化。
4. 看到妈妈发的电子邮件，他非常(　　)。
5. 想学好汉语，(　　)要多听多说，其次要多读多写。

A. 甚至　　B. 支持　　C. 生气　　D. 桥　　E. 变化

1. 这几年，这个城市的(　　)非常大。
2. 我一点儿也不了解他，(　　)不知道他的名字。
3. 十分感谢您对我们工作的(　　)。
4. 这座(　　)有一个有意思的故事。
5. 孩子把新衣服弄脏了，妈妈十分(　　)。

三、选择词语在句子中的正确位置。Put the word in the right position.

(　　)1. 比赛刚 A 一会儿 B，C 他们队就 D 得了十几分。(进行)

(　　)2. 他们的球员 A 紧张 B，害怕 C 输球 D。(得很)

(　　)3. A 比赛的进行，B 他们重新 C 找回了自信 D。(随着)

(　　)4. A 长江是 B 亚洲 C 最长的 D 河。(一条)

(　　)5. A 武汉长江大桥 B 是中国著名 C 的旅游景点 D。(之一)

(　　)6. 黄河 A 从地图上 B 看，C 一个大大的 D“几”字。(像)

(　　)7. 桥 A 城市 B 的距离 C 变得 D 更短。(让)

(　　)8. A 我们的生活 B 已经 C 离不开 D 手机了。(完全)

四、请用下列句子完成会话。Use the following sentences to complete the dialogue.

A. 我看了一半，后来睡着了，所以我不知道比赛的结果(jiéguǒ/result)。

B. 昨天的足球比赛精彩不精彩？

C. 他们为什么输了？

D. 长江全长 6300 多公里。

E. 这座桥是什么时候修好的？

F. 可能他太紧张了，越紧张越打不好。

1. A：昨天的乒乓球比赛他怎么打得这么差？

   B：________________________________

2. A：长江有多长？

   B：________________________________

3. A：________________________________

   B：非常精彩，吸引了所有观众的注意。

4. A：________________________________

   B：首先，他们太紧张了；其次，他们练习的时间不太多。

5. A：昨天晚上的篮球比赛哪个队赢了？

   B：________________________________

6. A：________________________________

   B：是上个世纪修好的，距今已有 70 多年的历史了。

五、连词成句。Make sentences with the following words.

1. 篮球比赛　昨天的　精彩　十分

   ____

2. 非常　伤心　让他　比赛的结果

   ____

3. 在比赛时　受到了　他们　影响

   ____

4. 亚洲　长江是　一条河　最长的

   ____

5. 被　黄河　叫作　人们　“母亲河”

____

6. 是　修好的　上个世纪　长江大桥　这座

____

7. 让经济　大桥　更快　发展　得

____

8. 几十个　新来了　我们学校　外国朋友

____

六、看图，用指定的词语写句子。Look at the pictures and make sentences with the given words.

1.  失望______________________________

2.  信心______________________________

3.  吃惊______________________________

4.  赢______________________________

5.  吸引______________________________

七、排列句子的顺序。Put the sentences in the right order.

例如：A. 我去办公室找李老师

B. 她在家

C. 但是她不在办公室 → ACB

1. A. 昨天晚上的比赛非常精彩
   B. 比赛一开始
   C. 就吸引了当地观众的注意 ________
2. A. 球员们都有点儿紧张
   B. 越紧张动作越做不好
   C. 越做不好越没有自信 ________
3. A. 他们重新找回了自信
   B. 随着比赛的进行
   C. 最后赢得了比赛 ________
4. A. 其次，他们在比赛时受到了观众的影响
   B. 首先，他们不太适应当地的环境
   C. 这个队输球的原因有很多 ________
5. A. 有的甚至哭了起来
   B. 比赛结束时，观众非常失望
   C. 他们又伤心又生气 ________
6. A. 从西流向东
   B. 最后经过上海的入海口流进大海
   C. 长江全长 6300 多公里 ________
7. A. 它从地图上看
   B. 黄河是中国第二大河
   C. 像一个大大的“几”字 ________
8. A. 上层是公路，下层是铁路
   B. 这座大桥是一座公路、铁路两用桥
   C. 对经济发展非常重要 ________

八、**请根据句子的意思，用给出的偏旁或部件，写出正确的汉字。** Please write the correct Chinese characters with the given Chinese character components according to the sentence.

1. 受到爸爸的 yíng(　　)响，他也很喜欢中国文化(wénhuà/culture)。(彡)
2. 今天的篮球比赛十分 jīng(　　)彩。(米)
3. 不要害 pà(　　)，要相信(xiāngxìn/have faith in)自己。(忄)

4. 长江和黄河上有很多座大 qiáo(　　)。(木)
5. 十分感谢您对我们工作的支 chí(　　)。(扌)
6. 昨天的节目 xī(　　)引了很多观众。(口)
7. 考试的结果让老师非常吃 jīng(　　)。(忄)
8. 他工作很忙,shèn(　　)至周末也不休息。(乚)
9. 这座楼是上个世 jì(　　)八十年代建成的。(纟)
10. 随着经济的发 zhǎn(　　),人们的生活越来越好了。(尸)

九、写一写:介绍一场你喜欢的运动比赛,尽量用上以下的词语或结构。

Writing: Use as many of the following words and sentence structure as you can to write a passage about a game you like.

吸引　　由于　　受到　　首先,……;其次,……　　随着

30

60

补充生词

消息　　兴奋　　讨论　　起飞　　航班　　结果
文化　　相信

附录 生词表

A

矮	ǎi	(*adj.*)	short; low
爱情	àiqíng	(*n.*)	love(between a man and woman)
安排	ānpái	(*v.*)	plan in detail; arrange
安全	ānquán	(*adj.*)	safe
		(*n.*)	safety
按时	ànshí	(*adv.*)	on time; on schedule; punctually
按照	ànzhào	(*prep.*)	according to

B

把	bǎ	(*prep.*)	dealing with, used before an object followed by a transitive verb
百分之	bǎi fēn zhī		percent
摆	bǎi	(*v.*)	place; put; display
搬	bān	(*v.*)	carry; move
半	bàn	(*n.*)	in the middle
办法	bànfǎ	(*n.*)	way; means; measure; step to take; method; resource
帮忙	bāngmáng	(*sv.*)	help; give a helping hand; do a favor; lend a hand
棒	bàng	(*adj.*)	good; excellent
饱	bǎo	(*adj.*)	not hungry; full
保护	bǎohù	(*v.*)	protect
保证	bǎozhèng	(*v.*)	guarantee; ensure; promise
		(*n.*)	guarantee; promise
报名	bàomíng	(*v.*)	apply
报纸	bàozhǐ	(*n.*)	newspaper

抱	bào	(*v.*)	hold sb. or sth. with one's arm(s); embrace
抱歉	bàoqiàn	(*v.*)	be sorry; feel apologetic; regret
被	bèi	(*prep.*)	ba made or forced, indicating passive voice
本来	běnlái	(*adv.*)	originally
鼻子	bízi	(*n.*)	nose
比	bǐ	(*prep.*)	used to make comparison
笔	bǐ	(*n.*)	pen
比如	bǐrú	(*v.*)	take sth. for example
必须	bìxū	(*adv.*)	must
毕业	bìyè	(*sv.*)	graduate
遍	biàn	(*vm.*)	number of times
变化	biànhuà	(*n.*)	change; variation
		(*v.*)	change; vary
标准	biāozhǔn	(*n.*)	standard; criterion
		(*adj.*)	conforming to a standard
表演	biáoyǎn	(*v.*)	act; perform; play
表示	biǎoshì	(*v.*)	express; convey
表扬	biǎoyáng	(*v.*)	praise
别	bié	(*adv.*)	do not
别人	biérén	(*n.*)	other people
并且	bìngqiě	(*conj.*)	further more; besides
博士	bóshì	(*n.*)	doctor(an academic degree)
不但	búdàn	(*conj.*)	not only
部	bù	(*nm.*)	a measure word for movie, TV series, etc.
不得不	bù dé bù	(*aux.*)	have to
不得了	bù dé liǎo	(*adj.*)	terrible; horrible
不管	bùguǎn	(*conj.*)	no matter; whether or not

不仅	bùjǐn	(*conj.*)	not only
不停	bùtíng	(*adv.*)	constantly
不同	bùtóng	(*adj.*)	different
部分	bùfen	(*n.*)	part

C

擦	cā	(*v.*)	rub or wipe in order to clean
材料	cáiliào	(*n.*)	material
参观	cānguān	(*v.*)	visit for learning
餐厅	cāntīng	(*n.*)	dining room; restaurant
草	cǎo	(*n.*)	grass
厕所	cèsuǒ	(*n.*)	toilet; bathroom; washroom
插	chā	(*v.*)	insert; stick in
查	chá	(*v.*)	investigate; look up a word in the dictionary
差不多	chàbuduō	(*adj.*)	similar; almost the same
尝	cháng	(*v.*)	taste
场	chǎng	(*vm.*)	a measure word used for activities
超过	chāoguò	(*v.*)	exceed
车道	chēdào	(*n.*)	lane
称为	chēng wéi	(*v.*)	call; name
成	chéng		
成功	chénggōng	(*n.*)	success
		(*v.*)	succeed
成绩	chéngjì	(*n.*)	score
成为	chéngwéi	(*v.*)	turn into; become
诚实	chéngshí	(*adj.*)	honest
乘坐	chéngzuò	(*v.*)	take a ride(in a car, ship, etc.)
吃惊	chījīng	(*sv.*)	feel afraid suddenly; be startled; be shocked; be astonished
迟到	chídào	(*v.*)	be late

重新	chóngxīn	(*adv.*)	once again
出差	chūchāi	(*sv.*)	be on a business trip
出发	chūfā	(*v.*)	set out; start off; leave; head; move on
出现	chūxiàn	(*v.*)	appear; arise
除了	chúle	(*conj.*)	except
处	chù	(*n.*)	locate
传真	chuánzhēn	(*n.*)	faxes; facsimile
		(*v.*)	fax
船	chuán	(*n.*)	boat
春节	Chūnjié	(*n.*)	Spring Festival
春天	chūntiān	(*n.*)	spring
词	cí	(*n.*)	word
词典	cídiǎn	(*n.*)	dictionary
词语	cíyǔ	(*n.*)	word and phrase
次	cì	(*vm.*)	number of times
从来	cónglái	(*adv.*)	ever
粗心	cūxīn	(*adj.*)	careless; thoughtless
错	cuò	(*adj.*)	wrong

D

打的	dǎdī	(*v.*)	take a taxi
打篮球	dǎ lánqiú		play basketball
打扫	dásǎo	(*v.*)	clean; sweep
打印	dǎyìn	(*v.*)	print
大夫	dàifu	(*n.*)	doctor
大约	dàyuē	(*adv.*)	about
戴	dài	(*v.*)	wear; put on
担心	dānxīn	(*v.*)	worry
当	dāng	(*v.*)	to act as; to be
当地	dāngdì	(*n.*)	local

当作	dàngzuò	(*v.*)	regard as
刀	dāo	(*n.*)	knife
导游	dǎoyóu	(*n.*)	tour guide
倒	dào	(*v.*)	pour out
到	dào	(*v.*)	go to
到处	dàochù	(*adv.*)	everywhere
得	děi	(*aux.*)	should
等	děng	(*sa.*)	and so on; et cetera
低	dī	(*adj.*)	low; down
地	dì	(*n.*)	ground
地方	dìfang	(*n.*)	place
地铁	dìtiě	(*n.*)	subway
地址	dìzhǐ	(*n.*)	address
第一	dì-yī	(*num.*)	first
电梯	diàntī	(*n.*)	elevator
电影	diànyǐng	(*n.*)	moive
电子邮件	diànzǐ yóujiàn	(*n.*)	e-mail
掉	diào	(*v.*)	fall
丢	diū	(*v.*)	lose
冬	dōng	(*n.*)	winter
冬天	dōngtiān	(*n.*)	winter
懂	dǒng	(*v.*)	understand
动作	dòngzuò	(*n.*)	movement; action; motion
堵车	dǔchē	(*v.*)	traffic jam
短信	duǎnxìn	(*n.*)	message
段	duàn	(*nm.*)	passage, paragraph (of an article); period (of time); section (of a distance)
队	duì	(*n.*)	team; troops; rank

对方	duìfāng	(*n.*)	opposite side
对象	duìxiàng	(*n.*)	object; target; marriage partner
顿	dùn	(*n.*)	stop; pause

E

而	ér	(*conj.*)	yet; but; however; nevertheless
而且	érqiě	(*conj.*)	but also
耳朵	ěrduo	(*n.*)	ear

F

发	fā	(*v.*)	send
发生	fāshēng	(*v.*)	take place; happen
发现	fāxiàn	(*v.*)	find out; discover
发展	fāzhǎn	(*v.*)	develop; expand; go along
法律	fǎlǜ	(*n.*)	law
翻译	fānyì	(*v.*)	translate
反对	fǎnduì	(*v.*)	oppose; be against; object to
方法	fāngfǎ	(*n.*)	method; way; mean
方面	fāngmiàn	(*n.*)	aspect; side; way
方式	fāngshì	(*n.*)	way; mode
房东	fángdōng	(*n.*)	landlord
房租	fángzū	(*n.*)	rent
放假	fàngjià	(*v.*)	have a day off; have a vacation or holiday
放松	fàngsōng	(*v.*)	relax
放心	fàngxīn	(*v.*)	be assured
非常	fēicháng	(*adv.*)	very
费	fèi	(*n.*)	fee
分钟	fēnzhōng	(*nm.*)	minute
丰富	fēngfù	(*v.*)	enrich
		(*adj.*)	abundant; plentiful; copious; rich; profuse

……分之……	…fēn zhī…		
风景	fēngjǐng	(*n.*)	view
否则	fǒuzé	(*conj.*)	otherwise
幅	fú	(*nm.*)	used for paintings
富	fù	(*adj.*)	rich
父母	fùmǔ	(*n.*)	parent; parents
父亲	fùqīn	(*n.*)	father
付款	fù kuǎn	(*v.*)	pay
复习	fùxí	(*v.*)	review
复印	fùyìn	(*v.*)	copy; duplicate
复杂	fùzá	(*adj.*)	complex

G

干燥	gānzào	(*adj.*)	dry
赶	gǎn	(*v.*)	catch; get
感动	gǎndòng	(*v.*)	move or touch sb.; feel moved; be touched
感觉	gǎnjué	(*n.*)	feeling; sensation
		(*v.*)	sense; feel; perceive
感谢	gǎnxiè	(*v.*)	thank
干	gàn	(*v.*)	do; work
刚刚	gānggāng	(*adv.*)	a moment ago; just now
高	gāo	(*adj.*)	tall; high
高速公路	gāosù gōnglù	(*n.*)	expressway
各	gè	(*pron.*)	every
个子	gèzi	(*n.*)	height
跟	gēn	(*prep.*)	with
根据	gēnjù	(*v.*)	according to; reason
更	gèng	(*adv.*)	more

工具	gōngjù	(*n.*)	tool
工资	gōngzī	(*n.*)	wage; pay; salary
公共	gōnggòng		common
公里	gōnglǐ	(*num.*)	kilometer
公路	gōnglù	(*n.*)	way
公司	gōngsī	(*n.*)	company; firm
公园	gōngyuán	(*n.*)	park
够	gòu	(*adv.*)	enough; sufficient
		(*v.*)	be enough
估计	gūjì	(*v.*)	estimate; figure approximately
		(*n.*)	an estimate
鼓励	gǔlì	(*n.*)	inspiration; encouragement
		(*v.*)	encourage; work up; cheer on
故事	gùshi	(*n.*)	story
刮风	guā fēng	(*v.*)	wind blowing
挂	guà	(*v.*)	suspend; hang
关系	guānxi	(*n.*)	relation; relationship
观众	guānzhòng	(*n.*)	viewer; spectator; audience
管理	guánlǐ	(*v.*)	manage; supervise; administrate
光	guāng	(*adv.*)	solely; only
广播	guǎngbō	(*n.*)	broadcasting
国际	guójì	(*adj.*)	international
国内	guónèi	(*adj.*)	domestic
过	guò	(*sa.*)	used after a verb; referring to sth. that happened previously
过来	guòlái	(*v.*)	come here
过去	guòqù	(*v.*)	go over; past

H

孩子	háizi	(*n.*)	children
海	hǎi	(*n.*)	sea

害怕	hàipà	(*v.*)	be afraid; be frightened
寒假	hánjià	(*n.*)	winter vacation
汗	hàn	(*n.*)	sweat
好玩儿	hǎowánr	(*adj.*)	amusing; fun
河	hé	(*n.*)	river
黑	hēi	(*adj.*)	black
后悔	hòuhuǐ	(*v.*)	regret; repent
后来	hòulái	(*n.*)	later; afterwards
湖	hú	(*n.*)	lake
互联网	hùliánwǎng	(*n.*)	the Internet
护士	hùshi	(*n.*)	nurse
护照	hùzhào	(*n.*)	passport
花	huā	(*n.*)	flower
		(*v.*)	blossom
画	huà	(*n.*)	picture; drawing; painting
		(*v.*)	draw a picture
坏	huài	(*adj.*)	bad
环境	huánjìng	(*n.*)	environment; condition; circumstance
回	huí	(*vm.*)	number of times
		(*v.*)	go back
回答	huídá	(*v.*)	answer; reply; respond
		(*n.*)	answer; reply; response
回来	huílái	(*v.*)	come back
回去	huíqù	(*v.*)	go back
回忆	huíyì	(*v.*)	recall
		(*n.*)	memory; recollection
会	huì	(*aux.*)	can
会议	huìyì	(*n.*)	meeting; conference
活动	huódòng	(*n.*)	activity
活泼	huópō	(*adj.*)	lively

火	huǒ	(*n.*)	fire
火车站	huǒchē zhàn	(*n.*)	train station
获得	huòdé	(*v.*)	acquire; obtain; gain

J

机场	jīchǎng	(*n.*)	airport
机会	jīhuì	(*n.*)	chance
积极	jījí	(*adj.*)	positive; vigorous
极	jí	(*adv.*)	extremely; exceedingly
极其	jíqí	(*adv.*)	extremely; exceedingly
即使	jíshǐ	(*conj.*)	even if
几乎	jīhū	(*adv.*)	nearly; almost
挤	jǐ	(*v.*)	squeeze; shove; hustle
		(*adj.*)	crowded; congested
寄	jì	(*v.*)	send
计划	jìhuà	(*n.*)	plan
记得	jìdé	(*v.*)	remember
记者	jìzhě	(*n.*)	reporter; journalist
季节	jìjié	(*n.*)	season
既然	jìrán	(*conj.*)	even if
继续	jìxù	(*v.*)	continue; proceed; carry on; get on; keep
加班	jiābān	(*v.*)	work overtime
坚持	jiānchí	(*v.*)	insist on; persist in; keep up
减肥	jiǎnféi	(*v.*)	lose weight
减轻	jiǎnqīng	(*v.*)	ease; relieve; lighten
减少	jiánshǎo	(*v.*)	reduce; decrease; cut down
简单	jiǎndān	(*adj.*)	easy; simple
简历	jiǎnlì	(*n.*)	resume
建	jiàn	(*v.*)	build; construct; establish
建议	jiànyì	(*v.*)	suggest; advise

健康	jiànkāng	(*n.*)	health
江	jiāng	(*n.*)	river
将来	jiānglái	(*n.*)	in the future; later
讲	jiǎng	(*v.*)	speak; tell
奖	jiǎng	(*n.*)	prize
奖金	jiǎngjīn	(*n.*)	prize; reward; award; bonus
奖学金	jiǎngxuéjīn	(*n.*)	scholarship
交	jiāo	(*v.*)	hand over
交流	jiāoliú	(*v.*)	communicate
交通	jiāotōng	(*n.*)	traffic
郊区	jiāoqū	(*n.*)	suburbs; outskirts
脚	jiǎo	(*n.*)	foot
教授	jiàoshòu	(*n.*)	professor
教育	jiàoyù	(*n.*)	education
节目	jiémù	(*n.*)	show; performance; program
节日	jiérì	(*n.*)	holiday; festival
节约	jiéyuē	(*v.*)	economize; save; spare
结婚	jiéhūn	(*v.*)	marry
结束	jiéshù	(*v.*)	finish; end
借	jiè	(*v.*)	borrow
紧张	jǐnzhāng	(*adj.*)	nervous
尽管	jǐnguǎn	(*conj.*)	although; even though
进行	jìnxíng	(*v.*)	execute; carry out
进来	jìnlái	(*v.*)	come in
禁止	jìnzhǐ	(*v.*)	forbid; prohibit
经过	jīngguò	(*v.*)	pass through/by
		(*prep.*)	through
经济	jīngjì	(*n.*)	economy
经理	jīnglǐ	(*n.*)	manager; director
经历	jīnglì	(*v.*)	experience; undergo; go through

		(*n.*)	experience
经验	jīngyàn	(*n.*)	experience
精彩	jīngcǎi	(*adj.*)	(of a performance, match, etc.) brilliant, wonderful
景点	jǐngdiǎn	(*n.*)	scenic spots; scenery spots
景色	jǐngsè	(*n.*)	scenery; view
警察	jǐngchá	(*n.*)	policeman; policewoman; cop
竞争	jìngzhēng	(*v.*)	compete; contend
久	jiǔ	(*adj.*)	for a long time
旧	jiù	(*adj.*)	old
句子	jùzi	(*n.*)	sentence
拒绝	jùjué	(*v.*)	refuse
距今	jù jīn		up to now
距离	jùlí	(*v.*)	be apart from; be at a distance from
聚会	jùhuì	(*n.*)	meeting; get-together
		(*v.*)	meet; gather
决定	juédìng	(*v.*)	decide; determine
		(*n.*)	decision; determination

K

开	kāi	(*v.*)	(to) bloom; to open sth.; to turn on
开玩笑	kāi wánxiào		make a joke
开心	kāixīn	(*adj.*)	happy; joyful; delighted
看法	kànfǎ	(*n.*)	opinion
看见	kànjiàn	(*v.*)	see
看起来	kàn qǐlái		look as if; seemingly
考试	kǎoshì	(*n.*)	exam
烤	kǎo	(*v.*)	bake; to roast; to broil
烤鸭	kǎoyā	(*n.*)	roast duck
棵	kē	(*nm.*)	a measure word for plants

可怜	kělián	(*adj.*)	pitiful; pitiable; poor
可能	kěnéng	(*aux.*)	be likely to
可是	kěshì	(*conj.*)	but; yet; however
可惜	kěxī	(*adj.*)	regrettable; unfortunate
客厅	kètīng	(*n.*)	living room
肯定	kěndìng	(*adv.*)	certainly; surely
空	kōng	(*adj.*)	empty; vacant
空气	kōngqì	(*n.*)	air
恐怕	kǒngpà	(*adv.*)	perhaps; probably; maybe
空	kòng	(*n.*)	free time; spare time; empty space
口水	kóushuǐ	(*n.*)	saliva; slobber
口语	kóuyǔ	(*n.*)	spoken language
矿泉水	kuàngquánshuǐ	(*n.*)	mineral water
困难	kùnnan	(*n.*)	trouble; difficulty
		(*adj.*)	difficult; hard; tough

L

拉	lā	(*v.*)	pull
垃圾	lājī	(*n.*)	trash; litter; garbage; rubbish
垃圾桶	lājī tǒng	(*n.*)	trash can
来不及	láibují	(*v.*)	do not have enough time
来得及	láidejí	(*v.*)	have enough time
来自	láizì	(*v.*)	come from; be from
蓝	lán	(*adj.*)	blue
篮球	lánqiú	(*n.*)	basketball
懒	lǎn	(*adj.*)	lazy
浪漫	làngmàn	(*adj.*)	romantic
老	lǎo	(*adj.*)	aged; old
了解	liáojiě	(*v.*)	know; understand; comprehend
冷静	lěngjìng	(*adj.*)	calm; cool; dispassionate
		(*v.*)	calm down

离不开	líbukāi	(*v.*)	be unable to do without
离开	líkāi	(*v.*)	leave
礼拜天	lǐbàitiān	(*n.*)	sunday
理解	lǐjiě	(*v.*)	understand; comprehend
理想	lǐxiǎng	(*n.*)	ideal; perfection
厉害	lìhai	(*adj.*)	grave; serious; acute
例子	lìzi	(*n.*)	example; case; instance
连	lián	(*adv.*)	even(used for emphasis)
联系	liánxì	(*v.*)	communicate; contact
脸	liǎn	(*n.*)	face
练习	liànxí	(*v.*)	practice; exercise
		(*n.*)	exercise
凉快	liángkuai	(*adj.*)	cool
辆	liàng	(*nm.*)	a measure word used for automobiles
邻居	línjū	(*n.*)	neighbor
令	lìng	(*v.*)	order; command
另外	lìngwài	(*pron.*)	in addition
留	liú	(*v.*)	stay; remain; leave
流	liú	(*v.*)	flow
流泪	liú lèi	(*v.*)	shed tears
流利	liúlì	(*adj.*)	fluent
楼梯	lóutī	(*n.*)	staircase
路	lù	(*n.*)	road
乱	luàn	(*adj.*)	messy; disorderly; in confusion; confused
旅行	lǚxíng	(*n.*)	journey; tour
		(*v.*)	travel
旅游	lǚyóu	(*v.*)	travel
绿	lǜ	(*adj.*)	green
律师	lǜshī	(*n.*)	lawyer

M

麻烦	máfan	(*adj.*)	troublesome
		(*v.*)	bother
		(*n.*)	bother; burden
码	mǎ	(*nm.*)	size; number
满	mǎn	(*adj.*)	full
满意	mǎnyì	(*adj.*)	be satisfied
慢	màn	(*adj.*)	slow
毛巾	máojīn	(*n.*)	towel
帽子	màozi	(*n.*)	hat; cap
美丽	měilì	(*adj.*)	beautiful
迷路	mílù	(*v.*)	get lost; lose one's way
密码	mìmǎ	(*n.*)	password
免费	miǎnfèi	(*adj.*)	free
面积	miànjī	(*n.*)	acreage; area
母亲	mǔqīn	(*n.*)	mother

N

拿	ná	(*v.*)	hold; take
那么	nàme	(*pron.*)	in that way; then
耐心	nàixīn	(*n.*)	patience
南	nán	(*n.*)	the south
南方	nánfāng	(*n.*)	the southern
难过	nánguò	(*adj.*)	have a hard time
内	nèi	(*adj.*)	inner; inside
		(*adv.*)	within; inside
内容	nèiróng	(*n.*)	content; details
能	néng	(*aux.*)	can; may
能力	nénglì	(*n.*)	ability; capacity; capability
年轻	niánqīng	(*adj.*)	young

鸟	niǎo	(*n.*)	bird
弄	nòng	(*v.*)	do; manage; handle
努力	nǔlì	(*adj.*)	hard-working; diligent
暖和	nuǎnhuo	(*adj.*)	warm

P

怕	pà	(*v.*)	be afraid of; be scared
拍	pāi	(*v.*)	shoot; making (a movie)
排队	páiduì	(*v.*)	line up
牌子	páizi	(*n.*)	brand
胖	pàng	(*adj.*)	fat
批评	pīpíng	(*v.*)	criticize
		(*n.*)	critique; comment
皮鞋	píxié	(*n.*)	leather shoes
篇	piān	(*misc.*)	a piece of writing
偏旁	piānpáng	(*n.*)	Chinese character component
片	piàn	(*nm.*)	slice
票	piào	(*n.*)	ticket
平时	píngshí	(*adj.*)	normal; usual
瓶子	píngzi	(*n.*)	the bottle
破	pò	(*adj.*)	broken; damaged
普通话	pǔtōnghuà	(*n.*)	Mandarin

Q

妻子	qīzi	(*n.*)	wife
期间	qījiān	(*n.*)	period
其次	qícì	(*pron.*)	secondly; next; then
其实	qíshí	(*adv.*)	actually; in fact; as a matter of fact
其他	qítā	(*pron.*)	other; else
骑	qí	(*v.*)	to ride
起来	qǐlái	(*v.*)	used after the verb to indicate direction or trend

气候	qìhòu	(*n.*)	climate
气温	qìwēn	(*n.*)	atmospheric temperature
汽车	qìchē	(*n.*)	bus
千	qiān	(*nm.*)	thousand
签证	qiānzhèng	(*n.*)	visa
桥	qiáo	(*n.*)	bridge
亲戚	qīnqi	(*n.*)	relative
轻	qīng	(*adj.*)	light
轻松	qīngsōng	(*adj.*)	easy; relaxed
清楚	qīngchu	(*adj.*)	clear; distinct
		(*v.*)	be clear about; understand
穷	qióng	(*adj.*)	poor; poverty-stricken
秋天	qiūtiān	(*n.*)	autumn
球员	qiúyuán	(*n.*)	player
取	qǔ	(*v.*)	take; get
缺点	quēdiǎn	(*n.*)	defect; drawback; falw; fault; shortcoming
却	què	(*conj.*)	but
确实	quèshí	(*adv.*)	really; indeed

R

然而	rán'ér	(*conj.*)	however; but
然后	ránhòu	(*conj.*)	then; after that; afterwards
让	ràng	(*v.*)	let
热情	rèqíng	(*adj.*)	fervent; warm
人员	rényuán	(*n.*)	staff; personnel
认为	rènwéi	(*v.*)	think; consider
认真	rènzhēn	(*adj.*)	conscientious; serious; earnest
任何	rènhé	(*pron.*)	any
扔	rēng	(*v.*)	throw away; cast aside
仍然	réngrán	(*adv.*)	still; yet

日记	rìjì	(*n.*)	diary
日期	rìqī	(*n.*)	date
容易	róngyì	(*adj.*)	easy
如果	rúguǒ	(*conj.*)	if；in case；supposing that
入口	rùkǒu	(*n.*)	entrance；entry

S

三点水旁	sāndiǎn shuǐpáng	(*n.*)	a kind of Chinese radicals
伞	sǎn	(*n.*)	umbrella
散步	sànbù	(*v.*)	go for a walk
森林	sēnlín	(*n.*)	forest
晒	shài	(*v.*)	solarize
伤心	shāngxīn	(*adj.*)	sad；heart-broken
上班	shàngbān	(*v.*)	go to work；start to work
烧烤	shāokǎo	(*n.*)	barbecue
		(*v.*)	barbecue
稍微	shāowēi	(*adv.*)	a little
勺子	sháozi	(*n.*)	spoon；scoop；ladle
深	shēn	(*adj.*)	deep
申请	shēnqǐng	(*v.*)	apply for；ask for；make an official request
甚至	shènzhì	(*adv.*)	even；so far as to
生	shēng	(*v.*)	give birth to a child
生词	shēngcí		new word
生气	shēngqì	(*v.*)	take offence；be/get angry；be offended
声音	shēngyīn	(*n.*)	sound；voice
省	shěng	(*v.*)	economize；save
剩	shèng	(*v.*)	be left over；remain
失望	shīwàng	(*adj.*)	disappointed；despairing
		(*v.*)	disappointe；despair

失业	shīyè	(*v.*)	unemployment
师傅	shīfu	(*n.*)	master
湿润	shīrùn	(*adj.*)	moist
实际	shíjì	(*n.*)	reality
实在	shízài	(*adv.*)	indeed; really
食品	shípǐn	(*n.*)	food
使用	shǐyòng	(*v.*)	use
世纪	shìjì	(*n.*)	century
是否	shìfǒu	(*adv.*)	whether or not
适应	shìyìng	(*v.*)	adjust to; adapt to; fit in with
收	shōu	(*v.*)	receive; accept
收入	shōurù	(*n.*)	income; revenue; earning
收拾	shōushi	(*v.*)	put in order; tidy; clear away
手机	shǒujī	(*n.*)	mobile phone
首先	shǒuxiān	(*adv.*)	first of all
受不了	shòubùliǎo		can't bear; can't stand
受到	shòudào	(*v.*)	receive; suffer
瘦	shòu	(*adj.*)	thin
书写	shūxiě	(*v.*)	write
输	shū	(*v.*)	lose; be beaten; be defeated
输入	shūrù	(*v.*)	import; input
熟悉	shúxī	(*v.*)	know well; be familiar with
暑假	shǔjià	(*n.*)	summer vacation
树	shù	(*n.*)	tree
帅	shuài	(*adj.*)	handsome; graceful(used to describe the male)
双	shuāng	(*nm.*)	pair of
水平	shuǐpíng	(*n.*)	standard; level(of skill, ability and knowledge, etc.)
顺便	shùnbiàn	(*adv.*)	conveniently; without extra effort

顺利	shùnlì	(*adj.*)	smooth; without a hitch
说话	shuōhuà	(*v.*)	speak; talk; say
硕士	shuòshì	(*n.*)	master's degree
司机	sījī	(*n.*)	driver
死	sǐ	(*v.*)	die
速度	sùdù	(*n.*)	speed
虽然	suīrán	(*conj.*)	although
随便	suíbiàn	(*adj.*)	casual; informal; random
随着	suízhe	(*prep.*)	along with; in the wake of; in pace with
所有	suóyǒu	(*adj.*)	all

T

抬	tái	(*v.*)	lift; raise; move; carry
太阳	tàiyáng	(*n.*)	the sun
躺	tǎng	(*v.*)	lie down; recline
趟	tàng	(*nm.*)	times
特别	tèbié	(*adv.*)	especially
提	tí	(*v.*)	tote
题	tí	(*n.*)	questions; problems(in a test or quiz)
提高	tígāo	(*v.*)	lift; raise; enhance; increase; improve
提供	tígōng	(*v.*)	give; provide; supply; offer
提前	tíqián	(*adv.*)	in advance; ahead of time; ahead of schedule; beforehand
		(*v.*)	advance the date or time of
提手旁	tíshǒupáng	(*n.*)	a kind of Chinese radicals
提醒	tíxǐng	(*v.*)	remind; warn; call attention to
体重	tǐzhòng	(*n.*)	weight
铁路	tiělù	(*n.*)	railway
听力	tīnglì	(*n.*)	hearing
停	tíng	(*v.*)	stop

挺	tǐng	(*adv.*)	very; quite; pretty; rather
通过	tōngguò	(*prep.*)	by means of; by way of; by; through
同时	tóngshí	(*adv.*)	meanwhile
同意	tóngyì	(*v.*)	agree; approve; assent to; consent to
头发	tóufa	(*n.*)	hair
推	tuī	(*v./n.*)	push; shove

W

外地	wàidì	(*n.*)	other places
完	wán	(*adj.*)	complete; entire
完全	wánquán	(*adv.*)	completely; absolutely; entirely; all; totally
万	wàn	(*nm.*)	ten thousand
网站	wǎngzhàn	(*n.*)	website
往往	wángwǎng	(*adv.*)	often; frequently
忘记	wàngjì	(*v.*)	forget; erase; go out of one's mind
危险	wēixiǎn	(*adj.*)	dangerous; risky
为了	wèile	(*prep.*)	for
卫生间	wèishēngjiān	(*n.*)	toilet; bathroom; lavatory
温度	wēndù	(*n.*)	temperature
闻	wén	(*v.*)	smell
文章	wénzhāng	(*n.*)	essay; article
问题	wèntí	(*n.*)	question; problem
卧室	wòshì	(*n.*)	bedroom
污染	wūrǎn	(*v.*)	contaminate; pollute
		(*n.*)	contamination; pollution
无论	wúlùn	(*conj.*)	no matter what, how, etc.; regardless of

X

吸引	xīyǐn	(*v.*)	attract; fascinate
希望	xīwàng	(*v.*)	hope; wise; want; be desirous of

		(*n.*)	hope; wish
洗	xǐ	(*v.*)	wash
洗手间	xíshǒujiān	(*n.*)	toilet; washroom; bathroom
下雪	xià xuě	(*v.*)	snow
下雨	xià yǔ	(*v.*)	rain
夏天	xiàtiān	(*n.*)	summer
现金	xiànjīn	(*n.*)	cash
羡慕	xiànmù	(*v.*)	admire; envy
相同	xiāngtóng	(*adj.*)	alike; identical
香	xiāng	(*adj.*)	delicious
想	xiǎng	(*v.*)	want
想法	xiángfǎ	(*n.*)	idea, thought
向	xiàng	(*prep.*)	from…to
像	xiàng	(*v.*)	look like
小伙子	xiáohuǒzi	(*n.*)	bloke
小心	xiǎoxīn	(*v.*)	take care; look out
		(*adj.*)	careful
笑	xiào	(*v.*)	laugh; smile
笑话	xiàohua	(*n.*)	joke
效果	xiàoguǒ	(*n.*)	effect; result; outcome
心情	xīn	(*n.*)	heart; mind
心情	xīnqíng	(*n.*)	moon; frame of mind
辛苦	xīnkǔ	(*adj.*)	hard; toilsome; painstaking
新	xīn	(*adj.*)	new
新闻	xīnwén	(*n.*)	news
信	xìn	(*n.*)	the letter
信心	xìnxīn	(*n.*)	confidence; faith; reliance; assurance
醒	xǐng	(*v.*)	wake
幸福	xìngfú	(*adj.*)	happy
		(*n.*)	well-being; happiness; bliss

性格	xìnggé	(*n.*)	character；nature；temperament
行李箱	xíngli xiāng	(*n.*)	the luggage
熊	xióng	(*n.*)	bear
修	xiū	(*v.*)	mend；repair
修理	xiūlǐ	(*v.*)	mend；repair
宿舍	sùshè	(*n.*)	dormitory
许多	xǔduō	(*pron.*)	many
选	xuǎn	(*v.*)	choose
选择	xuǎnzé	(*v.*)	choose；select；pick
学期	xuéqī	(*n.*)	term
雪	xuě	(*n.*)	snow

Y

压力	yālì	(*n.*)	pressure；strain
牙膏	yágāo	(*n.*)	toothpaste
亚洲	Yàzhōu	(*n.*)	Asia
严格	yángé	(*adj.*)	strict；rigorous；stringent
研究生	yánjiūshēng	(*n.*)	graduate student
眼睛	yǎnjing	(*n.*)	eye
眼镜	yǎnjìng	(*n.*)	glasses；spectacles
演出	yǎnchū	(*n.*)	performance；presentation
演员	yǎnyuán	(*n.*)	actor or actress
阳光	yángguāng	(*n.*)	sunshine
阳台	yángtái	(*n.*)	balcony；veranda；gazebo
样子	yàngzi	(*n.*)	appearance；shape
要求	yāoqiú	(*v.*)	ask；request；demand；need
		(*n.*)	request；demand；need
要是	yàoshi	(*conj.*)	if
也许	yéxǔ	(*adv.*)	probably；perhaps；may；maybe；possibly
叶子	yèzi	(*n.*)	leaf(of a plant)

页	yè	(*nm.*)	page
夜景	yèjǐng	(*n.*)	night scene
一般	yìbān	(*adv.*)	usually; generally
一会儿	yíhuìr		a little while
一切	yíqiè	(*pron.*)	everything
一生	yìshēng	(*n.*)	lifetime
以为	yǐwéi	(*v.*)	think or believe; feel; suppose; assume
因此	yīncǐ	(*conj.*)	therefore; hence; so
赢	yíng	(*v.*)	win
影响	yíngxiǎng	(*n.*)	effect
		(*v.*)	affect
应该	yīnggāi	(*aux.*)	should; ought to; should be
应聘	yìngpìn	(*v.*)	apply for a job or a position
拥挤	yōngjǐ	(*adj.*)	crowded; congested
永远	yóngyuǎn	(*adv.*)	forever
勇敢	yónggǎn	(*adj.*)	brave; courageous
用	yòng	(*v.*)	use
优点	yōudiǎn	(*n.*)	merit; advantage; virtue; excellence
优秀	yōuxiù	(*adj.*)	outstanding; great; superior; exceptional
幽默	yōumò	(*adj.*)	humorous; funny
由于	yóuyú	(*prep.*)	owing to; as a result of; due to
邮局	yóujú	(*n.*)	post office
友好	yóuhǎo	(*adj.*)	friendly; amicable
有趣	yǒuqù	(*adj.*)	interesting; fascinating; amusing; funny
有用	yǒuyòng	(*adj.*)	useful
又……又……	yòu…yòu…		not only… but also…
于是	yúshì	(*adv.*)	hence; thereupon

愉快	yúkuài	(*adj.*)	happy; pleased; joyful
语法	yúfǎ	(*n.*)	grammar
语言	yǔyán	(*n.*)	language
语音	yǔyīn	(*n.*)	pronunciation; voice
预习	yùxí	(*v.*)	preview
遇到	yùdào	(*v.*)	meet
原来	yuánlái	(*adj.*)	
原因	yuányīn	(*n.*)	reason; cause
圆	yuán	(*adj.*)	round
愿意	yuànyì	(*v.*)	be willing
约	yuē	(*v.*)	make an appointment
约会	yuēhuì	(*n.*)	date; appointment
越……越……	yuè…yuè…		the more…the more…
越来越	yuè lái yuè		more and more
允许	yúnxǔ	(*v.*)	allow; permit

Z

杂志	zázhì	(*n.*)	magazine
再说	zàishuō	(*adv.*)	moreover; what's more
脏	zāng	(*adj.*)	dirty
增加	zēngjiā	(*v.*)	add
长	zhǎng	(*v.*)	grow
丈夫	zhàngfu	(*n.*)	husband
招聘	zhāopìn	(*v.*)	recruit and employ through advertisement, examination, interview, etc.
照相机	zhàoxiàngjī	(*n.*)	camera
者	zhě	(*n.*)	-er/or
这样	zhèyàng	(*pron.*)	in this way
着	zhe	(*aux.*)	used after a verb, indicating that an action for state starts and continues

着急	zháojí	(*adj.*)	worry; feel anxious
真正	zhēnzhèng	(*adj.*)	genuine; true; real
整理	zhénglǐ	(*v.*)	put in order; arrange
正好	zhènghǎo	(*adv.*)	just in time; coincidently
正在	zhèngzài	(*adv.*)	be+verb-ing; in the process of; in the course of; in the middle of; in the act of
之	zhī	(*sa.*)	ausiliary word, used to form a grammatical structure
之间	zhī jiān	(*prep.*)	among
支持	zhīchí	(*v.*)	assist; support; stand for; back up
支付	zhīfù	(*v.*)	pay
只好	zhíhǎo	(*adv.*)	cannot…but…
只要	zhǐyào	(*conj.*)	only if; as long as
只有……才	zhíyǒu… cái	(*conj.*)	only
值得	zhídé	(*v.*)	deserve; be worth; be worthy of
职业	zhíyè	(*n.*)	occupation; profession; vocation
植物	zhíwù	(*n.*)	plant
至少	zhìshǎo	(*adv.*)	at least
中介	zhōngjiè	(*n.*)	intermediary agent
终于	zhōngyú	(*adv.*)	finally
种	zhòng	(*v.*)	plant
重	zhòng	(*adj.*)	heavy
重要	zhòngyào	(*adj.*)	important
周围	zhōuwéi	(*n.*)	surrounding
主场	zhúchǎng	(*n.*)	home court
主要	zhǔyào	(*adj.*)	major; main
注意	zhùyì	(*v.*)	pay attention to; to keep an eye on; take notice of

祝贺	zhùhè	(*v.*)	congratulate
著名	zhùmíng	(*adj.*)	famous; celebrated
赚	zhuàn	(*v.*)	make a profit; gain; earn
准确	zhǔnquè	(*adj.*)	accurate; exact; precise
准时	zhǔnshí	(*adv.*)	punctually
自行车	zìxíngchē	(*n.*)	bicycle
自己	zìjǐ	(*pron.*)	myself
自信	zìxìn	(*adj.*)	self-confident
		(*n.*)	self-confidence
总是	zǒngshì	(*adv.*)	always
租	zū	(*v.*)	rent
最	zuì	(*adv.*)	mostly
最好	zuìhǎo	(*adv.*)	had better; would be best
最后	zuìhòu		the last
左右	zuǒyòu	(*n.*)	around; about; approximately
作家	zuòjiā	(*n.*)	writer; author
作用	zuòyòng	(*n.*)	effect; function
作者	zuòzhě	(*n.*)	author; writer
座	zuò	(*nm.*)	a measure word for bridge, mountain, building, etc.
座位	zuòwèi	(*n.*)	seat
做客	zuòkè	(*v.*)	be a guest